IFLA図書館参照モデル
―書誌情報の概念モデル―

Pat Riva, Patrick Le Bœuf, Maja Žumer 著
（IFLA FRBR再検討グループ）

訳者代表 和中 幹雄／古川 肇

樹村房
2019

IFLA Library Reference Model
A Conceptual Model for Bibliographic Information

Pat Riva, Patrick Le Bœuf, and Maja Žumer
Consolidation Editorial Group
of the IFLA FRBR Review Group

Definition of a conceptual reference model to provide a framework for the analysis of non-administrative metadata relating to library resources

 Pat Riva, Patrick Le Bœuf, Maja Žumer, 2017

© 2017 by Pat Riva, Patrick Le Bœuf, Maja Žumer. This work is licensed under the Creative Commons
Attribution 4.0 International (CC BY 4.0) license. To view a copy of this license, visit: http://creativecommons.org/licenses/by/4.0

IFLA
P.O. Box 95312
2509 CH Den Haag
Netherlands
www.ifla.org

この作品は Pat Riva, Patrick Le Bœuf, Maja Žumer による *"IFLA Library Reference Model: A Conceptual Model for Bibliographic Information"* の日本語訳です。

目　次

訳者まえがき　v

第1章　序　章 ——————————————————————— 1
1.1　背景 ———————————————————————————— 1
1.2　貢献者 ——————————————————————————— 3

第2章　方　法 ——————————————————————— 5
2.1　範囲と目的 —————————————————————————— 5
2.2　実装基盤としての概念モデル ———————————————————— 6
2.3　概念モデルの FR ファミリー統合のプロセス —————————————— 7
2.4　他のモデルとの関係 ———————————————————————— 9

第3章　利用者と利用者タスク ————————————————— 11
3.1　考慮した利用者層 ———————————————————————— 11
3.2　利用者タスクの概要 ——————————————————————— 11
3.3　利用者タスクの定義 ——————————————————————— 12

第4章　モデル定義 ————————————————————— 14
4.1　実体 ———————————————————————————— 15
  4.1.1　序言　15
  4.1.2　実体に対するクラスまたは「isA」階層　15
  4.1.3　実体の詳細定義　16
4.2　属性 ———————————————————————————— 34
  4.2.1　序言　34
  4.2.2　属性の階層構造　34
  4.2.3　res の属性に関する注意点　37
  4.2.4　属性の詳細定義　37
  4.2.5　属性の索引　55
4.3　関連 ———————————————————————————— 57
  4.3.1　序言　57
  4.3.2　関連の階層構造　58

  4.3.3 関連の詳細定義 61
  4.3.4 定義域順の関連 77

第5章　モデルの概観 — 82
 5.1 実体関連図 — 82
 5.2 実体とそれらの対応関係の制約 — 86
 5.3 オンライン配信のモデル化 — 87
 5.4 図書館の文脈における nomen — 88
 5.5 書誌的アイデンティティのモデル化 — 89
 5.6 代表表現形属性 — 91
 5.7 集合体現形のモデル化 — 94
 5.8 逐次刊行物のモデル化 — 96

第6章　利用者タスクと実体、属性、関連との対応 — 99
 6.1 利用者タスクを例示するユースケース — 99

第7章　モデル化用語集 — 102

第8章　参照した概念モデル — 103

付 エレメント名英和・和英対照表 i

訳者まえがき

　本書は、2017年8月に国際図書館連盟（International Federation of Library Associations and Institutions（IFLA））の専門委員会により承認され公表された書誌情報全般に関わる概念モデル IFLA Library Reference Model（IFLA LRM）の全訳である。この概念モデルは、書誌データを対象とする FRBR、典拠データを対象とする FRAD、主題典拠データを対象とする FRSAD という3つの概念モデル（すべて略称。完称は本文を参照）を統合して作成された。

　1998年に公開された FRBR は、2004年に『書誌レコードの機能要件』のタイトルで邦訳された後、わが国でも人口に膾炙され、2018年12月に刊行された『日本目録規則2018年版』（NCR2018）の基礎となっている。IFLA LRM は、その FRBR を継承する新たな概念モデルである。

　2010年に策定された国際目録規則 Resource Description and Access（RDA）は、インターネット上の利用サイトである RDA Toolkit において、2018年6月に IFLA LRM を実装して再構成されたベータ版が公開された。これにより、FRBR や FRAD を基礎とした RDA は、将来 IFLA LRM を基礎とした RDA へ変貌を遂げてゆくことになり、NCR2018にも大きな影響を与えることになるだろう。

　この新しい概念モデルのわが国における理解と普及のためには、何らかの形での邦訳の実現が望まれていた。一方で、IFLA LRM で定義されている実体、属性、関連は、クラスないしはプロパティとして英語名を用いた識別子が与えられる。そのため、情報技術的な観点から見れば、これらの用語は英語を使用する方が適切であるとも考えられる。この観点から邦訳が果たして必要かという意見もあり得るが、我々は、図書館関係者が概念モデルの意味内容を十分に理解するためには、やはり何らかの形での邦訳が必要ではないか、その場合、図書館用語と各種メタデータ・スキーマの用語との調整も必要となるのではないか、と考えた。また、少人数による翻訳作業は効率的ではあるが、共通理解のためには、わが国におけるこの分野の研究者をできるだけ多く募って翻訳を実施することが重要ではないかとの思いから、15名による共同訳となった。

　以下に訳語決定にあたっての方針の概略のみを記す。
　FRBR の継承モデルなので、この邦訳を原則として踏襲した。これに登場しない用語については、FRBR を基礎とする目録規則である NCR2018に依った。
　しかしながら、FRBR や NCR2018に依らず、あえて訳語を変更した重要な訳語がある。2つの例だけを挙げておく。

訳者まえがき

　FRBRで「集合的実体」と訳されていたaggregate entityは、この実体がIFLA LRMにおいては体現形にのみ適用されるため、意訳して「集合体現形」に変更した。

　resourceは、本モデルでは「モデルで定義する全実体のインスタンス」と定義されているので、「資料」という語を用いているNCR2018や『国際目録原則』（国立国会図書館（NDL）訳）とは異なって、「情報資源」と訳した。また、その下位概念のbibliographic resourceはNDL訳に従い「書誌的資源」とするが、library resourceは「図書館情報資源」（NDL訳では図書館資料）とした。さらに、物的なものに限定されるphysical resourceは「物的資料」と訳し分けた。

　定訳がまだない用語については、FRBR邦訳でitemが「アイテム」でなく「個別資料」と訳されているように、英語音のカタカナ表記はできるだけ避け、用語の意味内容を表す日本語（主に漢語）を用いることに努めた。適当な日本語が見いだせない場合には、英語音のカタカナ表記ではなく、アルファベット表記をそのまま用いている。新たに導入された用語で、原文でも英語ではなくあえてラテン語が用いられている実体名のresとnomenがその例である。

　ただし、英語音のカタカナ表記が多用されているモデル化ないし情報技術関連用語については、多くは斯界の慣行に従っている。これらの用語の主なものは、その定義とともに本文の第7章に示されている。

　実体、属性、関連および利用者タスクのエレメント名の訳語については、巻末に「エレメント名英和・和英対照表」を付した。

　若干の凡例を以下に示す。
1．エレメント名（利用者タスク、実体名、属性名、関連名）を定義する箇所では、邦訳に原語を丸がっこを付して付記した。
2．原文ではイタリックで示されているエレメント名は、すべて太字とした。（例：**著作**）
3．第4章における例の表現については、主語－述語－目的語のRDFトリプル方式と日本語文による表現を併用した。
4．外国人名は、FRBR邦訳では片仮名としているが、発音の分らない人名があるため、本書では原綴のままとした。
5．原文で使用されている波括弧（{ }）、一重直線型引用符（' '）、二重直線型引用符（" "）は、そのまま使用した。この場合、直線型引用符で挟まれた部分は、原則として邦訳せず原綴のままとした。一方、波括弧については、原綴のままの場合と邦訳した場合がある。

訳者代表　和中幹雄

古川　肇

第 1 章　序　　章

1.1　背景

1998 年の『書誌レコードの機能要件』（Functional Requirements for Bibliographic Records（以下 FRBR））の最初の刊行以来、概念モデルの FR ファミリーは書誌的宇宙の特定の側面に対する 3 つの個別モデルを含むまでに成長した。書誌データのための FRBR に加えて、概念モデルの FR ファミリーは『典拠データの機能要件』（Functional Requirements for Authority Data（以下 FRAD））と『主題典拠データの機能要件』（Functional Requirements for Subject Authority Data（以下 FRSAD））を含むようになった。

これらのモデルは、異なるワーキング・グループによって、長年にわたって別々に作成されてきた。

- FRBR は、「IFLA 書誌レコードの機能要件研究グループ」（IFLA Study Group on the Functional Requirements for Bibliographic Records）の最終報告であった。研究グループは 1992 年に結成され、この報告は 1997 年 9 月 5 日に「目録分科会」（Section on Cataloguing）の常任委員会によって承認された。
- FRAD は、「典拠レコードの機能要件と典拠番号ワーキング・グループ」（IFLA Working Group on Functional Requirements and Numbering of Authority Records（FRANAR））の成果であった。FRANAR は 1994 年 4 月に IFLA の「書誌コントロール部会」（Division of Bibliographic Control）と「国際書誌コントロールと国際 MARC プログラム」（Universal Bibliographic Control and International MARC Programme（UBCIM））によって設置された。この報告は 2009 年 3 月に目録分科会と「分類・索引分科会」（Classification and Indexing Section）の常任委員会で承認された。
- FRSAD は、「主題典拠レコードの機能要件ワーキング・グループ」（IFLA Working Group on Functional Requirements for Subject Authority Records（FRSAR））の報告であり、このワーキング・グループは 2005 年に組織された。この報告は 2010 年 6 月に IFLA の分類・索引分科会の常任委員会で承認された。

FRBR 最終報告の項目 3.2.2 は表現形の定義に関するものであり、この項目は「表現形に関するワーキング・グループ」（2003-2007）の勧告の採用の結果を受けて修正された。加えて、「集合体現形（aggregates）に関するワーキング・グループ」が 2005 年に「FRBR 再検討グループ」（FRBR Review Group）によって設立された。このワーキング・グループは、様々なタイプの集合体現形のモデル化の検討を任務としていた。その勧告が、2011

年8月にプエルトリコのサンファンでFRBR再検討グループによって採択され、その最終報告が2011年9月に提出された。

2003年以来、FRBR再検討グループは、博物館コミュニティで国際的に合意された概念モデルである『CIDOC 概念参照モデル』（CIDOC Conceptual Reference Model (CIDOC CRM)）の維持に責任を有する「国際博物館会議」（International Council of Museums (ICOM)）の「国際ドキュメンテーション委員会」（[International] Committee on Documentation（CIDOC））内のグループと合同会議を開催するようになった。この共同作業によって、CIDOC CRMと同じオブジェクト指向モデル化フレームワークを使用するFRBRモデルの構築が進展するとともに、このモデルはCIDOC CRMの公式の拡張版として承認されることとなった。FRBRのこの再構築は、FRBRoo（FRBR object-oriented）として知られており、元々のFRBRモデルに直接対応する1.0版として2009年に初めて承認された。その後のFRADとFRSADモデルの刊行とともに、FRBRooはFRADとFRSADモデルからの実体、属性、関連を含むように拡張され、FRBRoo2.0版として動き出した。

この3つのFRモデルは、すべてが実体関連モデル化フレームワークで作成されたけれども、共通の問題に対する異なる視点と異なる解決策を採用せざるを得なかった。たとえ3つのモデルすべてが完全な書誌的システムに必要とされるとしても、単一のシステムでそれらの採用を試みるには、その3つのモデルからのわずかな案内によって、その場しのぎのやり方で複雑な問題を解決しなければならなかった。FRADとFRSADが2009年と2010年に完成しようとしている正にそのとき、モデル全体を明確に理解しその採用の障壁を取り除くためには、FRファミリーを単一の首尾一貫したモデルに合併するか統合することが必要であろうということが、明らかになった。

FRBR再検討グループは、2010年から統合モデルに向けて活発に作業を始めた。即ち、一連の検討会議（working meetings）がIFLA大会（IFLA conferences）に合わせてもたれ、2012年4月には、追加の中間会議（mid-year meeting）が開催され利用者タスクの統合案が初めて起草された。2013年シンガポールで、FRBR再検討グループは「統合版編集グループ」（Consolidation Editorial Group (CEG)）を設置した。このグループは属性と関連の詳細な再評価と、このモデルの定義文書案の起草に焦点を合わせたものであった。CEGは、2014年のフランスのリヨンとあと1回2015年の南アフリカのケープタウンで、検討会議の全期間を使用してFRBR再検討グループとともに詳細に進捗について議論するとともに、数日にわたる会合を（時にはCEGの他のFRBR再検討グループのメンバーや招聘専門家とともに）5回開催した。

2016年2月28日から5月1日の間に、『FRBR図書館参照モデル』（FRBR-Library Reference Model）についての世界的な意見公聴（World-Wide Review）が行われた。2016年5月19-23日に、CEGはその応答について検討し、草案のモデルを更新するために別の会議をもった。FRBR再検討グループは、2016年のアメリカ合衆国オハイオ州コロンバ

スにおける検討会議で草案を検討し、このモデルは『IFLA 図書館参照モデル』(IFLA Library Reference Model (IFLA LRM))へ名称変更された。

その結果得られたモデルの定義は FRBR 再検討グループで承認された(2016 年 11 月)。次いで 2016 年 12 月に、その定義に対するコメントを求めて、「ISBD 再検討グループ」(ISBD Review Group)とともに、「目録作業および主題分析とアクセス分科会常任委員会」(Standing Committees of the Sections on Cataloguing and Subject Analysis & Access)に提示した。2017 年 8 月 18 日に、最終文書は「IFLA 標準委員会」(IFLA Committee on Standards)によって承認されるとともに「IFLA 専門委員会」(IFLA Professional Committee)によって支持された。

1.2　貢献者

統合版編集グループは、この IFLA LRM モデル定義文書案の起草に主たる責任を負っている。統合プロジェクトの期間中、そして正式な統合プロジェクトに至るまでの期間中、IFLA 再検討グループと連絡調整グループのすべてのメンバーは、検討会議の期間と文書による応答を通じて重要な貢献をした。FRBRoo2.4 版の開発(同時期に行われた)に関与した「CIDOC CRM 研究会」(CIDOC CRM Special Interest Group (CIDOC CRM SIG))は問題を提起し、重要な意見(reflections)を提供した。

統合版編集グループ
Pat Riva　議長(カナダ)
Patrick Le Bœuf　(フランス)
Maja Žumer　(スロベニア)

FRBR 再検討グループ
Marie Balíková, 通信メンバー, 2013-
María Violeta Bertolini, 2015-2016
Anders Cato, 2006-2009
Rajesh Chandrakar, 2009-2013
Alan Danskin, 2005-2009
Barbora Drobíková, 2015-
Gordon Dunsire, 2009-
Elena Escolano Rodríguez, 2011-2015, 通信メンバー, 2015-
Agnese Galeffi, 2015-
Massimo Gentili-Tedeschi, 2015-
Ben Gu, 2015-
Patrick Le Boeuf, 2013-
Françoise Leresche, 2007-2015

第 1 章 序章

Filiberto Felipe Martínez-Arellano, 2011-2013
Tanja Merčun, 2013-
Anke Meyer-Hess, 2013
Eeva Murtomaa, 2007-2011, 通信メンバー, 2011-
Chris Oliver, 議長 2013-
Ed O'Neill, 2003-2007, 集合体現形ワーキング・グループ議長, 2005-2011
Glenn Patton, 2003-2009
Pat Riva, 議長 2005-2013
Miriam Säfström, 2009-2014
Athena Salaba, 2013-
Barbara Tillett, 2003-2011
Maja Žumer, 2005-2013

ISBD 再検討グループ連絡調整役
Mirna Willer, 2011-2015
Françoise Leresche, 2015-

ISSN ネットワーク連絡調整役
François-Xavier Pelegrin, 2012-2014
Clément Oury, 2015-

以下は、重要な統合問題検討会議に参加した招聘専門家と、過去の FRBR 再検討グループのメンバーである。
Anders Cato, 2010
Massimo Gentili-Tedeschi, 2013-2014
Dorothy McGarry, 2011
Glenn Patton, 2009-2011
Miriam Säfström, 2016
Jay Weitz, 2014, 2016

以下の CIDOC CRM 研究会（SIG）のメンバーは、FRBRoo2.4 版の開発に特に関わった。
Trond Aalberg
Chryssoula Bekiari
Martin Doerr, CIDOC CRM 研究会（SIG）議長
Øyvind Eide
Mika Nyman
Christian-Emil Ore
Richard Smiraglia
Stephen Stead

第 2 章　方　　法

2.1　範囲と目的

『IFLA 図書館参照モデル』は、拡張実体関連モデル化の枠組みの中で展開される、ハイレベルの概念参照モデルを目指している。このモデルは広い一般的な意味で理解された書誌データをカバーする。一般的なアプローチと方法論の観点から見て、IFLA LRM を生み出すモデル化の過程では、元来の書誌レコードの機能要件の研究で取られたアプローチを採用した。それには次のように記されていた。

> 本研究は、書誌レコード利用者の主要な関心対象である実体の摘出から始まる実体関連分析の技法を用いている。次いで、書誌的探索の定式化、探索結果の解釈、書誌レコードに記述された実体の世界の「ナビゲート」を行う際に、利用者にとって非常に重要な実体に結びついた特性あるいは属性と、実体間の関連を確認している。本研究で展開されたモデルは包括的な視野に立つものだが、モデルの定義する実体、属性および関連について、すべてを網羅しているとは言えない。このモデルは概念レベルで機能するもので、完全に展開されたデータモデルに求められる水準の分析は行っていない。（FRBR 原文4ページ、邦訳11ページ）

IFLA LRMのモデルは、当該データがどのような特定のシステムやアプリケーションに蓄積されているかという前提なしに、書誌情報の論理的構造を支配する明白な一般原則を作成することを目指している。その結果、伝統的に書誌・所蔵レコードに蓄積されたデータと、伝統的に名称・件名典拠レコードに蓄積されたデータとを区別しない。本モデルの目的にとって、これらのデータはすべて書誌情報という用語に含まれ、そのようなものとして本モデルの範囲内に存在する。

IFLA LRMはその機能上の範囲を、エンドユーザの視点とニーズの観点より定義された利用者タスク（第3章を参照）から採用している。その結果、図書館や書誌作成機関が専らその内部機能のために使用する管理的なメタデータは、本モデルの範囲外とみなされた。

本モデルは、一般に図書館に関わりがあるすべての種類の情報資源に関する書誌情報を考慮に入れながらも、書誌的資源の共通性と根底にある構造を明らかにしようとした。本モデルは、すべての種類の情報資源やすべての関係する実体に一般的な方法で適用可能となるように、用語を選択し定義を作り出した。その結果、特定の種類の情報資源に限定されると見られるか限定されるデータ・エレメントは、一般に本モデル中に表現されない。ただし、ある種類の情報資源に限定される、若干の重要な**表現形**の属性（**言語**、**縮尺**、**調**、**演**

奏手段のような属性）は含まれている。このことは、本モデルが如何にそのような拡張に順応することが可能かを示すとともに、**代表表現形属性**という著作の属性のアプリケーションの例示として適切であることを示している。本モデルは概念的なレベルでは包括的であるが、定義された属性と関連の文脈では指示的であるにとどまる。

2.2 実装基盤としての概念モデル

IFLA LRMに示された概念モデルはハイレベルの概念モデルであり、目録規則を構築し書誌的システムに実装する指針または基礎であることを意図している。どのような実際の適用においても精度の適切な水準を決定することが必要とされ、本モデルの文脈の中での拡張またはおそらくはいくつかの省略を要求する。しかしながら、本モデルの忠実な実装と見られる実装については、実体とそれらの間との関連の基礎的構造（基数の制限を含む）および適用される属性の付与を尊重する必要がある。

著作、表現形、体現形、個別資料という実体の間の構造的関連は本モデルの核であるが、モデルで宣言された属性とその他の関連は実装に対して必須ではない。たとえ若干の属性や関連が特定のアプリケーションにおいて不要であるとして省略しても、その結果のシステムは依然としてIFLA LRMの実装とみなすことができる。互換性のある実装のために、IFLA LRMに示された実体の1つを省略することは可能である。例えば、**個別資料**という実体は、**個別資料**レベルのどのような情報をも提供しない全国書誌では不要な場合がある。そのケースでは**個別資料**向けに定義されたどの属性も、**個別資料**に関わるどの関連も実装できない。同様に、もし目録を作成する図書館が当該**著作**に関する研究の印刷物は所蔵するがその**著作**のどの版の印刷物をも所蔵しない、というその理由だけで、その著作の存在が当該目録に反映されるならば、その**著作**のそのインスタンスに対して**著作**から**個別資料**への構造的関連を実装する必要はない。

IFLA LRMは、現実の任意の実装に必要となりそうな拡張を可能とする、数多くの仕組み（mechanism）を備えている。**res**という実体に対する**カテゴリー**という属性の定義は、有益かもしれないサブクラスを作り出すという実装を、どの実体に対しても可能とする。例えば特定の情報資源のタイプを含めたり、**行為主体**についての詳細を提供したりするように、付加的で特殊化した属性を、提示された型に従って任意のまたはすべての実体に対して追加できる。**体現形表示**のようなその他の属性は、書誌作成機関によって適用される目録規則の規定に従い、サブタイプ化することが意図されている。多くの関連も、実装で適切な洗練化を定義するだろうとの意向で一般的に定義されている。本モデルは、実装が一貫して理路整然とした仕方で細部（detail）を導入し、それをモデルの基本構造に適合できるのに必要な構造とガイダンスを提供している。

IFLA LRMにおける若干の主要なエレメントの定義は、多様な目録規則を通してのモデルの運用（operationalization）と互換性があるように意図されている。その1つのケースが

著作の属性である**代表表現形属性**である。これは特定の目録規則で決定するのに使用できる基準を予め決めることなく、**著作**を特徴づけるのに重要とみなされる**表現形**の属性の値を記録する。

目録規則が行った広範な決定は、本モデルに適合させることができる。例えば、**著作**という実体のインスタンスを限定する厳格な基準は、本モデルによって支配されない。その結果、本モデルは要求される改作（adaptation）の水準を規定せず、既存の**表現形**に基づく特定の**表現形**は、明確な**著作**の一表現形というより、むしろ同一**著作**の正に別の**表現形**とみなすべきである。しかしながら、本モデルを説明するという実際的な目的のため、例示の境界がどこにあるかについては、一般に受け入れられている既存の実務を反映する例示を使用している。例えば、図書館目録では特定のテキストのすべての翻訳は、伝統的に同一優先タイトルの下に集中されるが、それは図書館員の暗黙の概念化において、すべての翻訳は同一**著作**の**表現形**とみなされるという指示である。権利関係の協会は「著作」について大きく異なる概念をもち、各翻訳を別個の「著作」と扱う。概念的なレベルでは本モデルは双方のアプローチに等しく適合し、何をなす「べき」かには依存しない（agnostic）が、本文書は図書館員のコミュニティに宛てられているので、例示が意図した読者に容易に理解されると想定される以上、本文書はときどき翻訳の例示を**表現形**として取り込んでいる。

2.3 概念モデルの FR ファミリー統合のプロセス

モデルの統合作業は、FRファミリー（FRBR、FRAD、FRSAD）の3つのモデルを組み合わせる単純な編集プロセス以上のものであった。この3モデルは、その対象範囲や観点、ならびに特定の共通課題に対して採用された解決法が大きく異なるので、モデルの基礎となる概念化の内部的な一貫性を保証するためには選択が必要であった。モデル間の相違を解決するための原則的な基盤を得るには、当初は一貫した視点を採用することが不可欠であった。一貫した視点の維持、またはオントロジーの取り組みのためには、特定の重要なポイントにおいて、考えられる代替案のうちのただ1つの選択肢だけがモデルに適合するとみなすことが必要になる。一貫性のある統合モデルを開発するために、すべてのモデルを見直す必要があった。またそれは、利用者研究とモデルについての取り組みの経験を通して、最初の刊行物以来得られてきた洞察を組み込む機会をも我々に提供することとなった。

モデルの各エレメント（利用者タスク、実体、属性、関連）について、既存の FRBR、FRAD、FRSAD の定義を並行して吟味し、それらの意図した意味に基づいて対応表を作成し、一般化を進めた。最初に利用者タスクを検討した。これにより、残りのモデル化の決定のための焦点と機能範囲が与えられた。吟味した次のエレメントは実体であり、さらに関連と属性を交互に吟味した。実体、属性および関連のモデル化は、モデル全体で一貫して適用する必要があった簡略化と洗練化を各段階で示すため、いくつかの反復によって実現した。最後に、すべての定義、スコープ・ノート、および例が作成され、完全なモデル定義にお

第2章　方法

ける一貫性と完全性を確認した。

実体の保持または新設を決める主要な基準は、少なくとも1つの重要な関連の定義域または値域としてその実体が必要でなければならない、または実体のスーパークラスに論理的に一般化できない関連および属性を少なくとも1つもたなければならない、ということにあった。関連や属性を評価する重要な要因は、それらが、スーパークラスの実体を用いて上位レベルで宣言することできるかどうかを含めて、一般化できるかどうかを決定することにあった。実体は、関連や属性の削減を容認することにより、モデルを合理化するために使用できる場合に追加された。

実体および実体間の関連がモデルの構造を提供するのに対して、属性は実体のインスタンスの記述に肉体を与えるものである。属性が「1価」であるか「多値」であるか（即ち、対応するデータ・エレメントが繰り返し可能か否かを考慮しているかどうか）は、本モデルによって規定はしていない。

属性を実際の実装において表現するためには、基本的に2つの方法がある。
- 属性は、単なるリテラル（文字列、数字など）として表現することができる。これは、OWL（Web Ontology Language）が「データ型プロパティ」とみなすものである。
- 属性は、外部ソース（典拠ファイルまたはコード化された値のような、任意の種類の参照または規範的文書）を指すURI（Uniform Resource Identifier）として表現することができる。その場合、属性は単なる属性としてではなく関連としてモデル化されている可能性が高いが、本モデルは実装方法についてはこだわらない（agnostic）ことを意図している点に変わりはない。この種の属性はOWLが「オブジェクトのプロパティ」とみなすものである。

どちらの方法でも表現できる属性もあれば、リテラルとしてしか表現できない属性もあるが、URIとしてしか表現できないものについては、それらを関連としてモデル化することを優先した。

IFLA LRMは、簡略なモデル定義の文書として提示され、主にフォーマット化された表と図で構成されている。FRファミリーの概念モデルのIFLAボキャブラリを作成するという以前の経験から、高度に構造化された文書は、例えば、リンクされたオープン・データ・アプリケーションで使用するためのネームスペースの指定を容易にし、曖昧さの可能性を低減することを示した。FRBRモデルが最初に開発されて以来、文脈は変わってきており、特にセマンティック・ウェブ・アプリケーションにおけるデータの再利用の観点から新たなニーズが生まれ、この考察をモデル定義の提示の初期計画の不可欠な部分としている。

現在の文書に提示されているIFLA LRMモデルの定義は完全に自己完結的である。モデルに従うのに必要な他の文書はない。具体的には、以前の3モデルのモデル定義文書が置き換

えられる。

2.4 他のモデルとの関係

IFLA図書館参照モデルが開発されているのと同じ時期に、FRBRのオブジェクト指向の定義が並行して行われていた。FRBRooバージョン1.0（2009年に初めて出版された）は、元のFRBRモデルを博物館情報のためのCIDOC概念参照モデル（CIDOC CRM）の拡張として表現している。それは、FRADとFRSADで宣言された実体、属性および関連を含むように拡張され、FRBRooバージョン2.4（2016年に承認された）をもたらした。その拡張の背後にあるモデル化の実践は、モデルの実体関連の形式の中で行われている統合の作業を伝えたが、IFLA LRMモデルの定義で採用したいずれの事項も事前に決定はしなかった。IFLA LRMは非常に一般的でハイレベルのモデルを目指している。それはCIDOC CRMとの一般性の点で同等であることを追求しているFRBRooほど詳細ではない。

IFLA LRMは、その名称が示すように、図書館データのための図書館コミュニティに由来するモデルにとどまっている。それは、それぞれのコミュニティに関連するデータの概念化において、他の文化遺産コミュニティを制約することを前提としていない。マルチドメイン・オントロジーの開発においてコミュニティを横断する対話は大きな関心事であり、利用者へのサービス向上の可能性を秘めている。IFLA LRMのような図書館ドメインの一貫性がある単一のモデルを確立することは、共同作業が将来の共通モデルを開発するための好ましく必要な前提条件となる。

IFLA LRMは、概念モデルのFRファミリーにおける旧3モデルである、FRBR、FRADおよびFRSADに由来するものであるが、それらとは異なっている。旧3モデルとIFLA LRMとの間の移行を容易にするため、「移行マッピング：FRBR、FRADおよびFRSADにおける利用者タスク、実体、属性、関連とIFLA図書館参照モデルの等価物へのマッピング」（"Transition mappings: user tasks, entities, attributes, and relationships in FRBR, FRAD, and FRSAD mapped to their equivalents in the IFLA Library Reference Model"）というタイトルのもとに2017年に刊行された独立の関連文書として、主な相違点の概要と詳細な移行マッピングが作成されている。これらのマッピングは、FRBR、FRADおよびFRSADで定義されたすべての利用者タスク、実体、属性および関連をカバーしている。対応マッピングは、FRBR、FRADおよびFRSADそれぞれのエレメントの列挙から始まって、IFLA LRM内のそれらのエレメントの配置の結果を文書化している。各々のエレメントは、保持（異なる名称、または一般化された定義による場合もある）、併合、一般化、異なるモデル化または廃止（対象範囲外か、さもなければモデルのレベルとしては不適と認められる、例えば、あまりにも細かすぎるので廃止されたエレメントのいくつかは、拡張して実装できる）されたはずである。モデル化の相違として頻繁に現れる例は、IFLA.LRMが**場所**という実体と**時間間隔**という実体との関連としてモデル化しているかつての多くの属性である。

第2章　方法

移行マッピングは一回限りの関連文書である。これらのマッピングは、IFLA LRM自体の理解には必要ない。その主な目的は、既存のアプリケーションをIFLA LRMへ移行する際に役立つことである。これらのマッピングは、IFLAの概念モデルの開発に引き続き携わっている人にとっても興味深いものである。移行マッピング文書は、IFLA LRMモデルの今後の展開を反映するために維持されることはない。

第3章 利用者と利用者タスク

3.1 考慮した利用者層

本モデルに焦点を与える利用者タスクをまとめるにあたり、広範囲にわたる書誌・典拠データの利用者のニーズが考慮された。データは、閲覧者、学生、研究者などのエンドユーザにも、図書館スタッフにも、出版者、頒布者、ベンダーなど情報流通に関わるその他の関係者にも利用されることがある。これらの人々によるデータの利用の多くは、表3.2（項目3.3に掲載）に定義する5つの一般的な利用者タスクの特定のユースケースとみなすことができる。

本モデルは主として、エンドユーザ（およびエンドユーザのために働く媒介者）がその情報ニーズを満たすために必要とするデータと機能を扱う。図書館スタッフなどデータの作成・維持に責任をもつ人々は、その仕事の中で類似のタスクを行うために、同じデータをエンドユーザとして頻繁に利用する。これらのタスクは、本モデルの範囲内である。一方、管理メタデータおよび権利メタデータも、利用者ニーズを満たすことのできる書誌・典拠データのデータ管理に必要である。これらのデータおよび関連する管理タスクはサービスの供給に不可欠なものではあるが、管理タスクは本モデルの範囲外または指向外とする。権利メタデータは、利用者が**入手**タスクを行う能力に関係する場合に限って範囲内とする。

3.2 利用者タスクの概要

本章で述べる5つの一般的な利用者タスクは、本モデルの機能上の範囲を示す役割を果たし、エンドユーザのニーズに向けて本モデルが作られていることを確認するものである。利用者タスクは、利用者がそれらを果たすための能力を支援するという視点から表されている。タスクの記述にあたって、名辞「情報資源」（resource）を非常に広い意味で用いる。実在の図書館情報資源に加えて、本モデルで定義する全実体のインスタンスをも含む。これは、図書館情報資源について、エンドユーザの視点から最も適合するものは何かを認識することである。

情報検索プロセスの5つの一般的なタスクへの分析は、このプロセスの基本的な各側面を抽出することを意図したものである。ここではタスクを特定の順序で挙げているが、これが理想的な情報検索プロセスにおけるすべての必須のステップを示しているという意図はない。実際には、情報検索は反復的なものであり、またどの段階においても脇道にそれる場合がある。いくつかの利用者タスクが、利用者の心の中では実質的に同時に起こるかもしれない（例えば、**識別**と**選択**）。特に**探索**は、他のタスクとは異なる次元にある。即ち、

第3章　利用者と利用者タスク

その先の情報検索プロセスのための出発点を与える場合もあれば、特定の情報を目標としないブラウジングを許容する場合もある。

表 3.1　利用者タスクの概要

発見 (find)	何らかの適合基準を用いた検索によって、1つまたは複数の情報資源に関する情報を収集すること
識別 (identify)	発見した情報資源の性質を明確に理解すること、および類似の情報資源を判別すること
選択 (select)	発見した情報資源の適切性を判断すること、および特定の情報資源を受容または却下できること
入手 (obtain)	情報資源の内容にアクセスすること
探索 (explore)	情報資源間の関連や情報資源の文脈的な位置を用いて、情報資源を発見すること

3.3　利用者タスクの定義

表 3.2　利用者タスクの定義

タスク	定義	コメント
発見	何らかの適合基準を用いた検索によって、1つまたは複数の情報資源に関する情報を収集すること	**発見**タスクは、検索行動に関するものである。利用者の目標は、検索の結果として、実体の1つまたは複数のインスタンスを収集することである。利用者は、ある実体の1つの属性または関連を用いて検索する場合も、属性および（または）関連の何らかの組み合わせを用いて検索する場合もある。 このタスクを容易にするため、情報システムは、適切な検索エレメントまたは機能を提供することで**効果的な検索を可能に**することを目指している。
識別	発見した情報資源の性質を明確に理解すること、および類似の情報資源を判別すること	**識別**タスクにおける利用者の目標は、記述対象の実体が求める実体と合致すると確認すること、または類似の特徴をもつ複数のインスタンスを判別することである。「未知資料」検索においては、利用者は、提示された情報資源の基本的特徴を認識しようともする。 このタスクを容易にするため、情報システムは、それが扱う**情報資源を明確に記述**することを目指している。記述は利用者に認識でき、容易に解釈できるものでなければならない。
選択	発見した情報資源の適切性を判断すること、および特定の情	**選択**タスクは、とり得るオプションへの反応に関するものである。利用者の目標は、提示された情報資源の中から、どれをさらに求めるかの選択を行うことであ

	報資源を受容または却下できること	る。利用者の二次的な要件または限定に、内容、対象利用者などの側面が関わる場合もある。 このタスクを容易にするため、情報システムは、利用者がこの決定と行動を行えるよう、発見された情報資源に関する十分適切な情報を提供することで、**適合性の判断を許容／支援**する必要がある。
入手	情報資源の内容にアクセスすること	**入手**タスクにおける利用者の目標は、代替物の調査から、選択した図書館情報資源との実際の関わりに移行することである。 このタスクを果たすため、情報システムは、オンライン情報への直接リンクまたは物的資料に関する所在情報を、その処理を完了させるのに必要な何らかの指示とアクセス情報、または何らかのアクセス制限情報とともに、提供する必要がある。
探索	情報資源間の関連や情報資源の文脈的な位置を用いて、情報資源を発見すること	**探索**タスクは、利用者タスクのうち最も自由なものである。利用者は、ブラウジングしたり、ある情報資源を別のものと関連づけたり、予期しないつながりを生成したり、将来の利用のために利用可能な情報資源に親しんだりする。**探索**タスクは、情報探索におけるセレンディピティの重要性を認めるものである。 このタスクを容易にするため、情報システムは、関連を明示したり、文脈的情報やナビゲーション機能を提供したりすることにより、**発見を支援**することを目指している。

第 4 章　モデル定義

本章で提示される正式なモデル定義は、実体関連モデルで使用される次の 3 エレメントを扱う。

- 実体、即ち、項目 4.1 で記述される関心対象であるクラス
- 属性、即ち、項目 4.2 で記述される実体のインスタンスを特徴づけるデータ
- 関連、即ち、項目 4.3 で記述される実体のインスタンスをリンクさせるプロパティ

実体関連モデルでは、実体はモデルの枠組みを定義し、ノードとして機能する。一方、関連は実体を相互に結びつける。属性は実体に依存し、実体に関する情報を提供する。図 4.1 は、**res** に結びついている名辞を実体または属性としてモデル化するための選択肢を用いて、これらのエレメントをモデル化する機能を示している。最初のモデル（LRM で採用されている）は、単一の **res** が、**nomen** の 2 つの異なるインスタンスへ呼称関連（appellation relationship）によって関連づけられることがあり、しかもすべての実体が属性値をもつことを示している。下のモデルは、**nomen** を **res** という実体の属性として扱う代替方法を示している。この場合、「名称」という属性の値に対してさらに属性をもつことはできず、これらの名辞と本モデルの他の実体との間にどのような関連も宣言することはできない。

図 4.1　nomen に対する実体関連の代替モデル

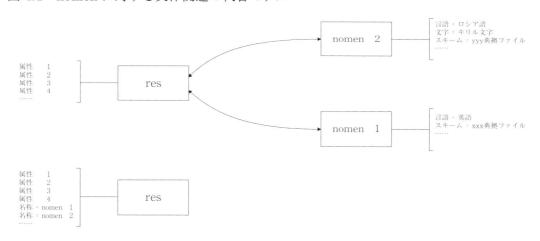

本モデルのすべてのエレメントには、明確に参照できるように番号が付けられている。採用されている番号づけの規則は、接頭辞「LRM-」、エレメントのタイプに対応する文字（E =実体、A =属性、R =関連）と連番である。属性の場合、属性が定義されている実体の番号が、文字「A」（属性を意味する）および属性の連続番号の前に挿入され、連続番号は各実体の下で再開される。各実体、属性および関連にも簡単な名前が付けられている。これらの名前は対応する実体、属性または関連の真意を伝えることを意図して選ばれているが、

短い名辞または語句によって本モデル内のエレメントの意味を完全に捉えることは不可能である。本モデルのある部分を適用する前に、実体、属性または関連の定義とスコープ・ノート全般に常に精通しておくことが重要である。

4.1 実体

4.1.1 序言

本モデルで定義されている実体は、図書館情報システムの利用者の主要な関心対象として識別された実体である。これらは、利用者のニーズを満たすのに必要とされる最も関連性のある特徴を表すため、一般的で包括的な用語で定義されている。実体は、モデルで強調された関連の定義域および値域として機能する。各実体で定義された属性は、実体の性質をさらに定義する役割を果たす。

実体は概念的な対象の抽象的なクラスであり、書誌データ、所蔵または典拠データで記述された各実体に対する多くのインスタンスがある。ある実体は、サブクラスの関連をもつ他の実体のスーパークラスとして宣言されることがある。あるサブクラスの実体の如何なるインスタンスもスーパークラスのインスタンスである。これは拡張実体関連モデルの一部をなし、「is a」（または isA）と表現することができるものである。例えば、**個人**という実体は**行為主体**という実体のサブクラスであり、**個人は行為主体**である（**個人** isA **行為主体**）と表現することができる。すべての**個人**は**行為主体**であるので、**行為主体**に適用されているすべての関連あるいは属性もまた、**個人**に対して明確に宣言がなされていなくても**個人**に適用することができる。逆の方向は成り立たない。即ち、サブクラスに対して明確に定義された関連または属性は、スーパークラス全体に対して適用されない。したがって、例えば、**個人**は**場所**という実体と「出生地である」のような関連をもっているが、この関連は**集合的行為主体**である**行為主体**の場合には成り立たない。

異なる実体間で制約が設けられていることもある。一般に、isA 階層によって関連づけられた実体以外、モデルで宣言された実体は互いに素である。互いに素である実体は、同時にこれらの複数の実体のインスタンスをもつことはできない。これは、例えば、あるものが**個人**のインスタンスと**集合的行為主体**のインスタンスの双方になることはできないことを意味している。しかしながら、あるものは本質的には**集合的行為主体**のインスタンスと**行為主体**のインスタンスの双方であるといえる。同様に、あるものは**体現形**（集合である抽象的な実体）のインスタンスと**個別資料**（具体的な実体）のインスタンスの双方になることはできない。

4.1.2 実体に対するクラスまたは「isA」階層

下の表 4.1 は、表 4.2（項目 4.1.3）の実体間で定義されたスーパークラスとサブクラスの関連を表形式で示している。本モデルは、表の最初の列に示されたただ 1 つのトップレベ

ルの実体（res）を含み、その他のすべての実体はresの直接的または間接的なサブクラスである。resの直接的なサブクラスである8つの実体は、二番目の列に示されている。**著作、表現形、体現形、個別資料、行為主体、nomen、場所、時間間隔**である。三番目の列には**行為主体**のサブクラスである2つの実体が示されている。**個人**と**集合的行為主体**である。

表4.1　実体の階層

トップレベル	第2レベル	第3レベル
LRM-E1　res		
	LRM-E2　著作 (work)	
	LRM-E3　表現形 (expression)	
	LRM-E4　体現形 (manifestation)	
	LRM-E5　個別資料 (item)	
	LRM-E6　行為主体 (agent)	
		LRM-E7　個人 (person)
		LRM-E8　集合的行為主体 (collective agent)
	LRM-E9　nomen	
	LRM-E10　場所 (place)	
	LRM-E11　時間間隔 (time-span)	

4.1.3　実体の詳細定義

本モデルで宣言された各実体は、下の表4.2で説明されている。実体には、順を追ってLRM-E1からLRM-E11までの番号が付けられている。番号に続いて、初めに各実体の名称が与えられ、それから同じ列に簡単な定義、そして関連する制約が表示されている。より説明が長いスコープ・ノートと、その実体のインスタンスの選択された例示が、後続の行にある。各実体の意図およびその実体に属するインスタンスの種類を完全に理解するために、定義とすべてのスコープ・ノートを考慮に入れることが重要である。

nomen以外のすべての実体の例示について考慮する際には、実体のインスタンスはそのインスタンスに結びつけられた**nomen**によって参照される必要があるものの、それ（例示）は**nomen**ではなく、例示であるインスタンス自体であることに留意することが重要である。**res**と**res**を表現している**nomen**との区別を強調する必要があるときは、**res**のイン

スタンスの記述を波括弧（{ }）で囲んでいる。一方、**nomen** を表す用語は直線型の一重引用符（' '）で囲んでいる。さらに、区別が必要な場合に、**nomen** のインスタンスの属性である **nomen** 文字列の値を直線型の二重引用符（" "）で囲んでいる。

表4.2　実体

ID	名称	定義	制約
LRM-E1	res	対象領域における任意の実体	
	スコープ・ノート	**res**（「thing」のラテン語）は、本モデルにおける最上位の実体である。**res** は、物質的なまたは物理的なものおよび概念の双方を含む。この場合の対象領域である書誌的宇宙に関係するとみなされるすべてが含まれる。**res** は、明示的に定義されたほかのすべての実体、および本モデルに特に表現されていないほかのすべての実体のスーパークラスである。	
	例	• {Homer's *Odyssey*} [古代ギリシアの著作] • {Henry Gray's Anatomy of the human body} [19世紀にヘンリー・グレイによって執筆された医学著作] • {Codex Sinaiticus} [とりわけギリシア語のキリスト教聖書を含む写本] • {Henry Gray} [個人、医師、医学著作の著者] • {Agatha Christie} [個人、探偵小説の著者] • {Miss Jane Marple} [数多くのアガサ・クリスティーの小説や物語の登場人物] • {Lassie} [ラフコリー種の架空の雌犬。1940年に初めて出版されたエリック・ナイトによる小説『名犬ラッシー』のタイトル・キャラクター。その後数多くの映画とテレビのスピンオフに登場] • {Pal} [1940年6月4日-1958年6月生存。1943年から1954年にかけて映画フィルム上でラッシーというキャラクターを演じた、ラフコリー種の雄犬（その後の映画やテレビ番組でラッシーを演じているのは、パルの雄の数頭の子孫）] • {Lassie} [ラッシーのキャラクターの着想元となった、死亡と推定された船員を1915年1月1日に救助した、イギリスのライム・レジスに生息した雌のコリー雑種犬] • {the International Federation of Library Associations and Institutions} [協会] • {the Romanov family} [ロシア皇室] • {Italian-Canadians} [集合的行為主体ではない人々のグループ] • {Job} [聖書の人物] • {Horus} [古代エジプトの神] • {graduates of Queen's University between 1980-1990} [集合的行為主体ではない人々のグループ] • {anatomy} [概念] • {the Tibetan script} [チベット語の表記法] • {Eiffel Tower} [人工の建造物]	

- {console of table created by Giovanni Battista Piranesi in 1769 held by the Rijksmuseum, object number BK-1971-14} [特定の物体]
- {Paris, France} [都市]
- {Atlantis} [伝説の大陸]
- {Earthsea} [アーシュラ・K. ル＝グウィンの『ゲド戦記』三部作の舞台である、架空の世界]
- {the 1920s} [時間間隔]
- {the Battle of Hastings} [出来事]
- {horses} [哺乳類の一種]
- {the racehorse Seabiscuit} [特定の名前が付けられた動物]

ID	名称	定義	制約
LRM-E2	著作 (work)	個別の創造の知的・芸術的内容	スーパークラス：res 著作、表現形、体現形、個別資料は互いに素である
	スコープ・ノート	著作は、機能的に同等または同等に近いものとみなされる**表現形**のグループ化を可能にする抽象的な実体である。**著作**は概念的な対象であり、**著作**として識別できる単一の物的対象は存在しない。 **著作**の本質は、我々が同一**著作**の**表現形**と定義したものの共有の内容を形成する概念とアイデアの集合である。**著作**は、異なる**表現形**間の内容の共通性（commonality of content）の識別を通じて認識される。しかしながら、実際の内容または主題の内容の類似性だけでは、同一**著作**のインスタンスを実現するものとして複数の**表現形**をグループ化するのに不十分である。例えば、ともに微積分学の入門である2冊の教科書、または同じ風景の2枚の油絵（たとえ同じ芸術家によって描かれたとしても）は、もしそれらの創作に独立した知的・芸術的活動が含まれていれば、異なる**著作**とみなされる。 集合化**著作**（aggregating *works*）および逐次刊行**著作**（serial *works*）の場合、**著作**の本質は、結果的に集合**体現形**（aggregate *manifestation*）として具体化される、他の**著作**の**表現形**の選択、集成（assembly）、順序に関する構想またはプランである。 **著作**は、最初の**表現形**の創造と同時に存在する。少なくとも**著作**に対する1つの**表現形**がなければ（または過去のある時点で存在していなければ）、**著作**は存在することはできない。 **著作**は、その**著作**に対する個々の実現（realizations）または**表現形**を吟味することによって、さかのぼって認識することができる。**著作**は、**著作**に対するすべての異なる**表現形**の背後にある知的・芸	

		術的創造から成る。その結果、**著作**のインスタンスと識別された（identified with）内容は、その新たな**表現形**が創造されるにつれて、展開することができる。 書誌的および文化的な慣習は、類似した**著作**のインスタンス間の明確な境界を決定する上で重要な役割を果たす。利用者ニーズは、その**表現形**のインスタンスが同一**著作**のインスタンスに属するとみなされるかどうかを判断するための根拠となる。利用者の大部分が、最も一般的な目的で**表現形**のインスタンスを知的に同等であるとみなす場合、これらの表現形は同一**著作**の**表現形**であるとみなされる。 一般に、かなりの独立した知的・芸術的活動が**表現形**の製作に関与しているとき、その成果は、原**著作**に対して変形関連（transformation relationship）をもつ新しい**著作**とみなされる。このように、パラフレーズ（paraphrases）、書き直し（rewritings）、児童向け翻案（adaptations for children）、パロディー（parodies）、主題による変奏曲（musical variations on a theme）および楽曲のフリー・トランスクリプション（free transcriptions of a musical composition）は、新しい**著作**を表現しているとみなす。同様に、1文学形式・芸術形式から他の形式への改作（例えば、戯曲化、静止画像（graphic arts）の1技法（medium）から他の技法への改作（adaptation）等）は、新しい**著作**を表現しているとみなす。抄録（abstracts）、ダイジェスト（digests）および要約（summaries）もまた新しい**著作**を表現しているとみなす。
	例	• {Homer's *Odyssey*} • {Henry Gray's *Anatomy of the human body*} • {Agatha Christie's *They do it with mirrors*} • {Laura Hillenbrand's *Seabiscuit: an American legend*} • {Eric Knight's *Lassie come-home*} • {*Lassie come home*} [映画、初公開：1943年] • {Ursula K. Le Guin's *The Earthsea trilogy*} • {Ursula K. Le Guin's *The tombs of Atuan*} [『ゲド戦記』三部作のうちの一小説] • {René Goscinny and Albert Uderzo's *Astérix le Gaulois*} [René Goscinny がテキストを執筆し、Albert Uderzo が画を描いた共同創作の**著作**] • {Johann Sebastian Bach's *The art of the fugue*} • {Wolfgang Amadeus Mozart's *Piano sonata KV 281 in B flat major*} • {Wolfgang Amadeus Mozart's *Rondo KV 494*} • {Johannes Brahms's *String quartet Op. 51 n. 1 in C minor*} • {*IFLA Journal*}

		- {*IFLA series on bibliographic control*} [モノグラフシリーズ、集合化**著作**（aggregating *work*）] - {François Truffault's *Jules et Jim*} - {*Microsoft Excel*} - {The Dewey Decimal Classification (DDC)} - {WebDewey} [有限会社Pansoftによって開発された、DDCを表示し検索するためのソフトウェア] - {The Ordnance Survey's *1:50 000 Landranger series*} - {Auguste Rodin's *The thinker*} - {Raoul Dufy's *Racecourse in Epsom*} - {Barnett Newman's *Voice of fire*} - {*I want to hold your hand*} [John LennonとPaul McCartneyによる歌唱]	

ID	名称	定義	制約
LRM-E3	表現形 (expression)	知的・芸術的内容を伝達する個別の記号の組み合わせ	スーパークラス：**res** 著作、表現形、体現形、個別資料は互いに素である
	スコープ・ノート	**表現形**は、知的・芸術的内容またはそのようであると識別できるものを伝達することを意図した、任意の形式または性質をもつ個別の記号（視覚、聴覚または身振りによる記号を含む）の組み合わせである。「記号」（sign）という用語は、ここでは記号学（semiotics）で用いられている意味であることを意図している。**表現形**は、それを記録するために使用されるキャリアとは異なる抽象的な実体である。 **表現形**は、**著作**が「実現される」ごとに生じる特定の知的・芸術的形式である。例えば、**表現形**には、テキスト形式で**著作**の実現から生まれる特定の語、文、パラグラフ等や、音楽**著作**の実現から生まれる特定の音響やフレージング等が含まれる。しかしながら、**表現形**の範囲を定義する場合には、**著作**の性質によってそれ自体が特定の**著作**の知的・芸術的実現にとって必須でなければ、テキストの書体やページのレイアウトのような物理的形式の付随的側面は除外される。 **表現形**は、最初の**体現形**が創造されたのと同時に存在する。少なくとも1つの**体現形**がなければ（または過去のある時点で存在していなければ）、その**表現形**は存在しているとはいえない。 **表現形**の識別に至る抽象化のプロセスは、1つの**体現形**のなかで具体化されている知的・芸術的内容が、たとえ物理的な具体化が異なり、その異なった**体現形**の属性が両者の内容が類似している事実を曖昧にしているとしても、もう1つの**体現形**のなかで具体化され	

		ているものと実際にまたは実質上同一であることを示す。
		実務レベルにおいて、**著作**の異なる**表現形**どうしをどの程度まで書誌的に区別するかは、ある程度までは**著作**自体の性質や、予想される利用者ニーズや、目録作成者が記述する**体現形**から無理なく見分けることが期待できる事項に依存するであろう。
		実質的に同一**表現形**のなかの相違(例えば、ハンド・プレス製作の場合の同一版の2つの異刷間に認められる軽微な相違)は通常は無視される。しかしながら、本モデルを適用するいくつかの場合(例えば、初期印刷テキストの包括的なデータベース、印刷物の異刷の完全なリスト)には、それぞれの相違は異なる**表現形**とみなすことができる。
		表現形の形式は**表現形**固有の特性であるため、形式の変更(例えば、書き言葉から話し言葉への変更)は、どのような場合も新たな**表現形**を生み出す結果となる。同様に、**著作**を表現するために用いられる知的慣習や手段の変更(例えば、文字による**著作**におけるある言語からほかの言語への翻訳)は、新たな**表現形**を生み出す結果となる。テキストが改訂され修正される場合、結果として生まれる**表現形**は新たな**表現形**とみなす。綴りや句読点等の修正のような小さな変更は、同一**表現形**のなかの相違とみなすことができる。
		ある**著作**に対する**表現形**が、挿図、注、注釈等のような、**著作**の知的・芸術的実現にとって必須ではない増補(augmentation)を伴う場合には、そのような増加部分はそれ自身で分離した**著作**の分離した**表現形**であるとみなす。このような増補は、独立したものとして書誌的に区別することを必要とするほどに重要であるとみなすことができる場合とそうでない場合がある。 (増補によって生じる集合体現形については、項目「5.7 集合体現形のモデル化」でさらに検討する。)
	例	• Homer の *Odyssey* の、Robert Fagles による英訳、著作権年:1996 • Homer の *Odyssey* の、Richmond Lattimore による英訳、著作権年:1965 • Agatha Christie の *They do it with mirrors* の英語テキスト、オリジナルの著作権年:1952 [同一の英語テキストが *Murder with mirrors* というタイトルでも出版された] • Auguste Rodin の *The thinker* の、鋳造職人(fonderie)Alexis Rudier による 1904 年の拡大バージョン [1880 年の Rodin の最初のバージョンはおよそ高さ 70cm、この 1904 年のバージョンは高さ 180cm] • Dewey Decimal Classification 第 23 版(DDC23) [英語版]

		• Dewey Decimal Classification 第 23 版 [DDC23 のフランス語訳] • Giuseppe Verdi の *Macbeth* のヴォーカル・スコア • Franz Schubert の *Trout quintet* の、Amadeus Quartet と Hephzibah Menuhin のピアノによる特定の演奏の録音 • John Lennon と Paul McCartney の歌唱 *I want to hold your hand* の楽譜

ID	名称	定義	制約
LRM-E4	体現形 (manifes-tation)	知的・芸術的内容と物理的形式の様相において、同一の特性を共有することを前提とするすべてのキャリアのセット。キャリア全体の内容と製作プランの双方が、そのセットを定義する。	スーパークラス：res 著作、表現形、体現形、個別資料の実体は互いに素である
	スコープ・ノート	**体現形**は、1 つまたは複数の**表現形**を 1 つのキャリアまたはキャリアのセットにおいて取得することから生じる。実体として**体現形**が表しているのは、知的・芸術的内容および物理的形式の双方に関してキャリアが共有する共通の特性である。 **体現形**は、同一の製作過程による**個別資料**によって表された共通の特性から認識される。製作過程の仕様は、**体現形**の本質的な部分である。製作は、例えば、オンデマンド印刷のように、経時的に行われるように明示して計画される場合がある。製作プランは、異なるエンドユーザによってオンライン・ファイルがダウンロードされる特定のデジタル記憶媒体のような、製作者の直接の制御下にない面に関わる場合がある。記憶媒体が使用されたとしても、ダウンロードされたファイルはオンライン・ファイルの同一の**体現形**のインスタンスである。 製作過程の範囲は、正式な工業プロセスから職人的または芸術的過程にまで及ぶ。製作過程は、多くの目的で交換可能な複数の**個別資料**のセットを生み出す。**体現形**は、それに属する任意の**個別資料**が表現すべき特性および属性によって定義することができる。 一方、自筆の手稿のような、保存目的のための多くの職人的・芸術的製作や複製では、その意図は、製作過程が単一で固有の**個別資料**をもたらすことにある。この場合における**体現形**は、当の**個別資料**の観念を取り込む単体（singleton）のセット（単一のメンバーによるセット）である。 ある**体現形**と他の**体現形**との間の境界線は、知的・芸術的内容および物理的形式の双方に基づき引かれる。製作過程で物理的形式が変更される場合には、その成果は新しい**体現形**であるとみなす。物	

| | | | 理的形式の変更には、**著作**の構想（conception）に付随する表示上の特性に影響を及ぼす変化（例えば、書体、フォントのサイズ、ページのレイアウト等の変化）、物理的媒体の変化（例えば、伝達手段としての紙からマイクロフィルムへの変化）および容器の変化（例えば、テープの容器としてのカセットからカートリッジへの変化）が含まれる。製作過程に出版者、製作者、頒布者等が関わっていて、出版、市場等に関連する製作物に変化（例えば、出版者の変化、再包装等）が表示されている場合には、その成果は新しい**体現形**であるとみなす。製作過程に知的・芸術的内容に影響を及ぼす変更、追加、削除等が関わっているどのような場合でも、（綴り、句読法等の微細な変化を除き）その成果は、新しい**体現形**の中で具体化された**著作**の新しい**表現形**である。実務レベルにおいて、**体現形**どうしをどの程度まで区別するかは、ある程度までは目録において予想される利用者ニーズおよび目録作成者が合理的に認識するよう期待される相違に依存するであろう。ある微細な異同または包装の相違は書誌的に重要であるとはみなさず、新しい**体現形**とみなすことは正当化されないであろう。

製作過程の中で意図的にまたは偶然に生じた**個別資料**に影響を与える変化は、厳密にいえば、同一の**表現形**の新たな**体現形**を生み出す結果となる。このような変化から生まれる**体現形**は、その出版物の特定の「異刷」として識別されることがある。

製作過程が完了した後に個々の**個別資料**に生じる変化（破損、摩耗や破れ、ページの欠落、複数巻への再製本等）を、新たな**体現形**が生まれたとはみなさない。その**個別資料**は、もはや本来の製作プランを完全には反映していない**体現形**の一例にすぎないとみなす。

しかしながら、異なる**体現形**から成る複数の**個別資料**が物理的に結合または合併されたとき（合綴された書籍やパンフレット、継ぎ合わされたオーディオ・テープ等）は、その結果は新しい単体の**体現形**である。 |
| | | 例 | - *The Odyssey of Homer / translated with an introduction by Richmond Lattimore*
Perennial library series として出版された Harper Colophon 初版、New York で Harper & Row によって 1967 年刊行、ISBN 0-06-090479-8　［ギリシア詩の Richmond Lattimore 英訳の完全なテキストから成る**体現形**］
- Homer. *The Odyssey / translated by Robert Fagles*
Penguin Classics の豪華版　New York で Penguin Books によって 1997 年刊行、ISBN 0-670-82162-4　［ギリシア詩の Robert Fagles の英訳の完全なテキストから成る**体現形**］
- *Vieux-Québec / textes de Guy Robert ; gravures d'Albert* |

第4章　モデル定義

		Rousseau Montréal で Editions du Songe と Iconia によって 1982 年に刊行　[テキストと版画から成る共同**著作**の**体現形**] • *Seabiscuit: an American legend / Laura Hillenbrand* New York で Random House によって 2001 年刊行、ISBN 978-0-375-50291-0　[競走馬 Seabiscuit の物語の**体現形**] • *They do it with mirrors / Agatha Christie* イギリスで William Collins & Sons によって 1952 年刊行　[探偵小説の**体現形**] • *Murder with mirrors / Agatha Christie* アメリカで Dodd, Mead & Co.によって 1952 年刊行　[同一探偵小説の、異なる国、異なるタイトルで出版された別の**体現形**] • *The Oxford book of short stories / chosen by V.S. Pritchett* New York で Oxford University Press によって 1981 年刊行、ISBN 0-19-214116-3　[編纂者 V.S. Pritchett の知的著作である**集合化表現形**と、選択された様々な著者による 41 の短編の**表現形**の双方を具体化した集合**体現形**] • *Voice of fire* キャンバス地にアクリル画、Barnett Newman によって 1967 年に描かれた画　[単体の**体現形**] • *Codex Sinaiticus* オリジナルの手稿　[単体の**体現形**]

ID	名称	定義	制約
LRM-E5	個別資料 (item)	知的・芸術的内容を伝達するよう意図されたしるし（signs）を伴う 1 つまたは複数の対象	スーパークラス：res 著作、表現形、体現形、個別資料の実体は互いに素である
	スコープ・ノート	知的・芸術的内容および物理的形態の点でいえば、**体現形**を例示する**個別資料**は、一般に**体現形**自体を定義するすべての特性を反映する。 **個別資料**は多くの場合単一の物的対象であるが、複数の物的対象または部分から成る場合がある。**個別資料**は大きな物的対象の部分であることもある。例えば、ファイルが他のファイルをも収録しているディスクに蓄積されるとき、ファイルを格納しているディスクの部分が物理的キャリアまたは**個別資料**となる。	
	例	• *the Codex Sinaiticus* として知られている手稿 • *the Book of Kells* として知られている書写資料 • 鋳造職人 (fonderie) Alexis Rudier によって実現された Auguste Rodin の *The thinker* の青銅の鋳造物、フランスのパリにあるロダン美術館が 1922 年から所蔵、ID 番号 S. 1295 • *Vieux-Québec / textes de Guy Robert ; gravures d'Albert*	

| | | *Rousseau*
Montréal で Editions du Songe と Iconia によって 1982 年に刊行された（限定 50 部のうちの）4 番目のコピー
• *Voice of fire*
キャンバス地にアクリル画、Barnett Newman が 1967 年に描き、1989 年から the National Gallery of Canada が所蔵している画
• Homer. *The Odyssey / translated by Robert Fagles*
Penguin Classics の豪華版で、New York の Penguin Books によって 1997 年に刊行された、ISBN 0-670-82162-4 の米国議会図書館所蔵の 2 番目のコピー
• *The lord of the rings. The two towers* のスペシャル拡張 DVD 版で、2003 年に刊行された ISBN 0-7806-4404-2 の、Peter Jackson の個人的コピー [ブックレット 2 冊付きのディスク 4 枚組]
• フランス国立図書館がデジタル納本を通して 2016 年 2 月 1 日に受領し、納本番号 DLN-20160201-6 が付与された、Richard Memeteau による電子書籍 *Pop Culture*。2014 年に Zones が刊行し、Editis が EPUB2 フォーマットで頒布した。ISBN 978-2-35522-085-2。目録では、この**個別資料**は固有の番号 LNUM20553886 で識別される |

ID	名称	定義	制約
LRM-E6	行為主体 (agent)	意図的な行為ができ、権利を付与されることができ、およびその行為に対して責任を負うことができる実体	スーパークラス：res サブクラス：個人、集合的行為主体
	スコープ・ノート	**行為主体**という実体は、**個人**という実体と**集合的行為主体**という実体を合わせたものと厳密に同意義であるスーパークラスである。**行為主体**の全タイプに該当する特定の関連の定義域または値域として機能する単一の実体を提供することで、モデルの冗長さを縮小するよう定義される。 特定の**行為主体**がかつてそのようにしたか否かにかかわらず、**行為主体**であることは、書誌的関心の実体（**著作**、**表現形**、**体現形**、**個別資料**）のインスタンスに、意図的な関連の可能性を有するか有していたことが必要である。人間は直接または間接に、すべての**行為主体**によってなされたすべてのその種の活動の背後にある原動力である。 自動装置（気象記録機器、ソフトウェア翻訳プログラムのような）は、技術的行為主体として参照されることがあるが、このモデルにおいては、実際の**行為主体**により使用され設置されたツールとみなす。	

	例	<ul><li>{Margaret Atwood}</li><li>{Hans Christian Andersen}</li><li>{Queen Victoria}</li><li>{the Borromeo family}</li><li>{BBC Symphony Orchestra}</li><li>{Symposium on Glaucoma}</li></ul>	

ID	名称	定義	制約
LRM-E7	個人 (person)	個々の人間	スーパークラス：行為主体 個人、集合的行為主体の実体は互いに素である
	スコープ・ノート	**個人**という実体は、生存しているか生存していたと推定される実在の人物に限定される。 史実である可能性が一般に容認されている限り、**個人**が生存していたことの厳密な証明は必須ではない。しかしながら、架空の（例えば蛙の Kermit）、文学上の（例えば Miss Jane Marple）、純粋な伝説上の（例えば魔術師 Merlin）人物であると一般に考えられているものは、**個人**という実体のインスタンスではない。	
	例	<ul><li>{Pythagoras}</li><li>{Marco Polo}</li><li>{Homer}</li><li>{Henry Gray}</li><li>{Agatha Christie}</li><li>{Richmond Lattimore}</li><li>{Robert Fagles}</li><li>{John I of France, King of France and Navarre} ［在位期間は 1316 年 11 月 15 日から 5 日後の 1316 年 11 月 20 日まで］</li><li>{Johann Sebastian Bach}</li><li>{Raoul Dufy}</li><li>{本名'Charles Dodgson'と筆名'Lewis Carroll'で参照される**個人**}［作家にして数学者］</li></ul>	

ID	名称	定義	制約
LRM-E8	集合的行為主体 (collective agent)	特定の名称をもち、1つの単位として活動できる**個人**の集まりまたは組織	スーパークラス：行為主体 個人、集合的行為主体の実体は互いに素である
	スコープ・ノート	**集合的行為主体**は、特定の名称をもち、1つの単位としてともに活動する可能性を有する複数の**個人**の名づけられたグループの幅広い値域を指す。家族、商業的または法人の実体およびその他の法的に登録された団体に加え、**集合的行為主体**は、機構、協会、音楽的・	

		芸術的・演奏演技集団、政府、およびそれらの何らかの下位組織を含む。**集合的行為主体**の多様なタイプのメンバーシップは、時間とともに発展し続けるであろう。

臨時のグループ、および会合、会議、議会、探検隊、展示会、祭り、フェアなどとして構成されたグループもまた、特定の名称で識別され1つの単位として活動できる限り、**集合的行為主体**の定義にあてはまる。

共同筆名または集合筆名は、文化的に個々の**個人**たちと結びつけられた名前によって選択し識別されてきたものの、アイデンティティの背後にある**行為主体**は特定の名称をもち1単位で活動する複数の**個人**から構成されているので、**集合的行為主体**のインスタンスを指すnomenである。
(個々の筆名、共同筆名または集合筆名については、項目「5.5 書誌的アイデンティティのモデル化」でさらに検討する。)

人々の集まりは、書誌的関心の実体のインスタンス(レポートの承認、会議録の出版のような)に関して、行為主体を反映する行為を可能にする組織的特徴を示す場合にのみ**集合的行為主体**とみなされる。これらの集団的行為は、ともに行動する個々のメンバーすべてではなく、全体により選ばれた代表者によって実行される場合もある。**集合的行為主体**として限定しない**個人**のグループ(例えば、国家的、宗教的、文化的またはイタリア系カナダ人のような民族的グループ、即ち、特定の名称ではなく一般的な記述用語で参照される集団)は、**集合的行為主体**という実体のインスタンスではない。

集合的行為主体と、**集合的行為主体**という実体のインスタンスではない人々の集まりとの間の本質的な区別は、実体のインスタンスによって使用される名称が、集合の総称的な(generic)記述ではなく特定の名称でなければならないということである。

家族と団体は、特定の書誌的アプリケーションに関係することのある、特定のタイプの**集合的行為主体**である。 |
| | 例 | • {the International Federation of Library Associations and Institutions} [協会]
• {81st World Library and Information Conference、2015年8月15-21日、南アフリカ、ケープタウンで開催} [会議]
• {Bibliothèque nationale de France} [フランス国立図書館]
• {Friends of the Library} [ノースカロライナ大学にある「友の会」組織]
• {Pansoft GmbH} [企業]
• {'The Beatles'として参照される音楽グループ} |

		- {City of Ottawa} [地方自治体] - {Canada} [地理的領土ではない国家] - {個々の現職者によって継続的に保持される the office of Prime Minister of Canada} - {the Franciscan Order} [修道会] - {イギリスのロンドンにある the parish of St. Paul's Cathedral} [監督管区の下部組織] - {the royal house of the Medici} - {the Bach family of musicians} - {'Random House'として参照される出版者} - {'Nicolas Bourbaki'という集合筆名で出版している20世紀フランスの数学者グループ、'Association des collaborateurs de Nicolas Bourbaki'としても知られている} - {探偵小説の分野で共同出版する際に'Ellery Queen'という共同筆名を使用していた2人の従兄弟、別々の名前'Frederic Dannay'と'Manfred Bennington Lee'としても知られている} - {'Virginia Rosslyn'という共同筆名を使用して共同出版し、'Isabelle A. Rivenbark'と'Claire D. Luna'という本名では出版しなかった2人の女性}	

ID	名称	定義	制約
LRM-E9	nomen	実体と実体を指し示す名称(designation)との結びつき	スーパークラス:res
	スコープ・ノート	**nomen**は、書誌的宇宙において見出される何らかの実体のインスタンスを指し示すために使われる任意の呼称(appellation 即ち記号の組み合わせ)と、その実体とを結びつける。対象領域において指し示される任意の実体は、少なくとも1つの**nomen**を通して名づけられる。 任意の記号やシンボルの組み合わせは、それがある文脈のなかで、何かに結びつけられるまで、呼称や名称とみなすことはできない。その意味で**nomen**という実体は、**res**のインスタンスと文字列との関連を実体化したものとして理解することができる。文字列それ自身は**nomen**の実体のインスタンスを構成しないが、**nomen**のインスタンスの**nomen 文字列**という属性の値としてモデル化される。 **nomen**の2つのインスタンスは、それぞれの**nomen 文字列**に対して、完全に同一の値をもつことができるが、それらが**res**の任意の別個のインスタンスを指すか、または(**res**の同一のインスタンスを指し示す一方で)それらの他の属性において1つまたは複数の別の値を保持する限り、別個のものであり続ける。	

			nomen は記号の組み合わせを文化的または言語的な慣例に基づく実体のインスタンスに結びつける。即ち **nomen** 文字列を **res** と結びつけることによって、**nomen** は **nomen** 文字列自身に内在しない意味を作り上げる。使用の文脈によって、**nomen** 文字列に同一の値を有する **nomen** は、同一の言語においてさえ、現実世界における異なる実体のインスタンスを含むことができる（多義語と同形同音異義語）。一方で、ある実体の同一のインスタンスは任意の数の **nomen** を通して指し示すことができる（同義語）。しかし書誌情報システムのコントロールされた環境において、同義語は忌避され、**nomen** の **nomen** 文字列の値は曖昧さを除去されるのが一般的である。それゆえ、各々の **nomen** 文字列は、特定のスキーム内で、**res** の1つのインスタンスにのみ結びつけられる。 **nomen** のアイデンティティは、それが含む **res** の組み合わせ、その **nomen** 文字列の中で使用されるシンボルの選択と順序、およびそれの他の属性のすべての値によって決定される。使用されるシンボルの変化（例えば他の文字への翻字）やそれらの順序の変化は、一般に異なる **nomen** となる。しかし、**nomen** 文字列の値において現れるシンボルの視覚的な表記における変化（例えば、英数字や文字列を表現するのに使用される可能性のある異なるフォントなど）は、異なる **nomen** 文字列とはならない。 **nomen** は実体のインスタンスに（例えば書誌作成機関などにより）公式にも非公式にも割り当てられ、また結びつけられる。**nomen** が公式に割り当てられるときには、**nomen** 文字列の値の構造は、予め決められた規則に従うことがある。 **nomen** 文字列の値はコンポーネントまたはパートによって構成されることがある。この場合、対応する **nomen** は複数の既存の **nomen** から派生したものとみなすことができる。この派生のプロセスは、規則によって制御されることがある（例えば、**著作**に対する name-title のアクセス・ポイントの順序、ファセット分類のスキームにおける列挙順序、または件名標目システムにおける細目の順序）。例えば、ある**個人**に対する新たな **nomen** は、その**個人**に対する既存の **nomen** と、その**個人**の生存期間の**時間間隔**を組み合わせることで派生したものである場合がある。同時に**著作**に対する新たな **nomen** は、その**著作**を著した**個人**の **nomen** と、その**著作**に対する既存の **nomen** を組み合わせることによって派生したものである場合がある。
		例	<u>**個人**に対する nomen</u> • {**個人**である Dame Agatha Christie, Lady Mallowan}を指し示す手段の1つとしての'Agatha Christie' • {**個人**である Dame Agatha Christie, Lady Mallowan}を指し示

す手段の1つとしての'Agatha Mary Clarissa Miller'
- {個人である Dame Agatha Christie, Lady Mallowan}を指し示す手段の1つとしての'Lady Mallowan'
- {個人である Dame Agatha Christie, Lady Mallowan}を指し示す手段の1つとしての'Mary Westmacott'
- {個人である Dame Agatha Christie, Lady Mallowan}を指し示す手段の1つとしての'Christie, Agatha, 1890-1976' [彼女の推理小説と物語に対する、RDAによる優先形アクセス・ポイント]

複数の言語における国際組織に対する **nomen**
- {集合的行為主体である United Nations}を指し示す手段の1つとしての英語による'United Nations'
- {集合的行為主体である United Nations}を指し示す手段の1つとしてのフランス語による'Nations Unies'
- {集合的行為主体である United Nations}を指し示す手段の1つとしてのイタリア語による'Nazioni Unite'
- {集合的行為主体である United Nations}を指し示す手段の1つとしてのドイツ語による'Vereinigte Nationen'

著作に対する **nomen**
- {著作である *Murder with mirrors* by Agatha Christie}を指し示す手段の1つとしての'Christie, Agatha, 1890-1976. Murder with mirrors' [LC/NACOの典拠ファイルにおける優先アクセス・ポイント]
- {著作である *Murder with mirrors* by Agatha Christie}を指し示す手段の1つとしての'Christie, Agatha, 1890-1976. They do it with mirrors' [LC/NACOの典拠ファイルにおける異形アクセス・ポイント]

音楽著作に対する **nomen**
- {Johannes Brahms の著作である *String Quartet No. 1*}を指し示す手段の1つとしての'Brahms, Johannes, 1883-1897. Quartets, violins (2), viola, cello, no. 1, op. 51, no. 1, C minor' [LC/NACOの典拠ファイルにおける優先形アクセス・ポイント]
- {Johannes Brahms の著作である *String Quartet No. 1*}を指し示す手段の1つとしての'Brahms, Johannes, 1883-1897. Quartets, strings, no. 1, op. 51, no. 1, C minor' [LC/NACOの典拠ファイルにおける異形アクセス・ポイント]
- {Franz Schubertの著作である *Piano Sonata D. 959*}を指し示す手段の1つとしての'Schubert, Franz, 1797-1828. Sonatas, piano, D. 959, A major' [LC/NACOの典拠ファイルにおける、RDAによる優先形アクセス・ポイント]
- {Franz Schubert の著作である *Piano Sonata D. 959*}を指し示す手段の1つとしての'Schubert, Franz, 1797-1828. Sonates. Piano. D 959. La majeur' [フランス国立図書館の典拠ファイルにおける優先形アクセス・ポイント]

特定の1日、即ち**時間間隔**である2015-03-01に対する**nomen**
- 2015年3月1日の0時から2015年3月1日の24時の間に経過する**時間間隔**を指し示す手段の1つとしての、英語かつグレゴリオ暦のスキームによる、'March 1, 2015'
- 2015年3月1日の0時から2015年3月1日の24時の間に経過する**時間間隔**を指し示す手段の1つとしての、イタリア語かつグレゴリオ暦のスキームによる、'1 marzo 2015'
- 2015年3月1日の0時から2015年3月1日の24時の間に経過する**時間間隔**を指し示す手段の1つとしての、DD/MM/YYYYという慣例表記に準じたグレゴリオ暦のスキームによる、'01/03/2015'
- 2015年2月28日の日没から2015年3月1日の日没までの間に経過する**時間間隔**を指し示す手段の1つとしての、ローマ字化されたヘブライ語かつユダヤ暦のスキームによる、'10 Adar 5775'
- 2015年3月1日の0時から2015年3月1日の24時の間に経過する**時間間隔**を指し示す手段の1つとしての、ローマ字化されたヒンディー語かつインド国定暦のスキームによる、'1936 Phalguna 10'

主題概念に対する **nomen**
- LCSHにおける音楽を指し示す手段の1つとしての'Music' [LCSHにおいて有効な名辞]
- DDCにおける音楽を指し示す手段の1つとしての'780' [DDCにおけるトピックである{music}に対する分類番号]
- LCGFTにおける音楽を指し示す手段の1つとしての'Music' [LCGFTにおいて有効なジャンルの名辞]

識別子の形態における **nomen**
- ISBNスキームにおける'978-0-375-50291-0' [2001年にRandom Houseによって出版された**体現形** *Seabiscuit: an American legend / Laura Hillenbrand* に対するISBN]
- ISNIスキームにおける'0000 0001 2102 2127' [{Agatha Christie}の識別のためのISNI]
- ISNIスキームにおける'0000 0003 6613 0900' [{Mary Westmacott}の識別のためのISNI]

nomen 並びに多義語および同形同音異義語に関する概念
- イベリア半島における現在のポルトガルと現在のスペインの一部に該当する、古代のローマ属州を指し示す手段の1つとしての'Lusitania'
- 1915年5月7日にドイツの潜水艦によって沈められた英国の豪華客船を指し示す手段の1つとしての'Lusitania'
- {レコード・レーベルである Verve}を指し示す手段の1つとしての'Verve'
- {定期刊行物である *Verve*}を指し示す手段の1つとしての'Verve'
- {ロック・ミュージック・バンドである Verve}を指し示す手段の1つとしての'Verve'
- 英語において{気迫の概念}を指し示す手段の1つとしての

第4章 モデル定義

		'Verve' • フランス語において{気迫の概念}を指し示す手段の 1 つとしての'Verve'	

ID	名称	定義	制約
LRM-E10	場所 (place)	空間の一定の範囲	スーパークラス：res
	スコープ・ノート	書誌的文脈においては、**場所**という実体は文化的な構成物である。それは地理的な領域や空間の範囲について、人間が識別したものである。**場所**は通常は物理的な客体(地理的特徴か人工的な客体)を通じてか、または特定の**行為主体**(国や都市などの地政学的な実体)との関連のためか、またはイベントの場所として識別される。空間の範囲としての**場所**は、その領域において管轄権を行使する統治組織とは異なる。ある領域に責任を有する政府は**集合的行為主体**である。**場所**は地球上、または地球外の同時代的あるいは歴史的な存在であり得る。想像上や伝説上、または架空の場所は実体である**場所**のインスタンスではない。 **場所**は曖昧な境界を有することがあり得る。**場所**の境界は、書誌的な目的上、**場所**のアイデンティティを変えることなく、時とともに変化することがあり得る(例えば、ある都市が隣接する郊外を吸収するような場合)。 実体としての**場所**は(対象領域が)変動する指示の枠組みとなり得るので、必ずしもその地理空間上の座標のみによっては識別されない。	
	例	• {Montréal (Québec)} [中心都市は歴史を通じて隣接する町々を吸収してきたが、文化的には 1 つの**場所**として識別される地域] • {Lutèce} • {Clonmacnoise} [破壊された Clonmacnoise 修道院の遺構が今でも見られる地域] • {Greenland} • {Italy} • {Africa} • {St. Lawrence River} • {Lake Huron} • {Mars}	

4.1 実体

ID	名称	定義	制約
LRM-E11	時間間隔 (time-span)	開始、終了、および期間を有する時間の範囲	スーパークラス：**res**
	スコープ・ノート	**時間間隔**とは、開始と終了とを特定することによって識別できる期間のことである。結果として得られる期間は、その期間内に生じた行動や現象と結びつけられ得る。それがどれほど短いとしても、極めて精密な**時間間隔**でさえ測定し得る期間を有する。 図書館における実装では、書誌・典拠データにおいて有益とみなされる**時間間隔**のインスタンスは、結びつけられる出来事がある年の一部の期間にのみ生じたものであったとしても、しばしば通年として表現される（**個人**の生年、**個人**の殁年、団体の解散年、**体現形**の出版年）。 目録作成者が利用できる情報や、識別された**時間間隔**の固有の特性は、時間的な範囲の記録において利用された精度を反映するだろう。例えば'14th century'は、ルネサンスの開始を記録する点では、十分に正確な可能性がある。一方で、ミュージカルのスタイルの開始を識別するときには、10年の単位がより適切かもしれない。 日付は、異なる暦や時間管理のシステムにおける**時間間隔**に対する呼称または**nomen**として提供される。**時間間隔**は、またより一般的な名辞、例えば、時代、地質学の代または年代として指し示されることもあり得る。	
	例	• {2015年1月1日に始まり、2015年12月31日に終わり、1年の継続を有する期間}['2015 A.D.'（西暦紀元）または '2015 CE'（共通紀元）として指し示されることがある] • {2015-03-01} [YYYY-MM-DD フォーマットのグレゴリオ暦で表現される1日という**時間間隔**] • {20120808094025.0} [YYYYMMDDHHMMSS.S フォーマットで表現される10分の1秒の**時間間隔**] • {Twentieth Century} • {Ordovician Period} [今から4億8830万年前から4億4370万年前にかけての**時間間隔**] • {488.3 million years before present} [オルドビス紀の始まりの**時間間隔**] • {Ming Dynasty} • {Bronze Age} [**時間間隔**ではあるが、正確な時期は場所によって異なる] • {Age of Enlightenment}	

第4章 モデル定義

4.2 属性

4.2.1 序言

属性は任意の実体の特定のインスタンスを特徴づける。本モデルで定義されたどの属性も、ある実体の特定のインスタンスについて**必須ではない**。しかし属性は、適用可能で容易に確認できるならば、そしてそのデータがアプリケーションの目的に適切であると考えられるならば、記録してよい。この概念モデルは属性の内容を定義し記述するが、個々のアプリケーションはデータを記録する方法について詳細を規定する必要がある。属性のデータは統制されたリストや語彙に従って記録されるか、またはデータを記録する機関が優先する言語や文字による自然言語の文字列として記録されるものとする。実体の特定のインスタンスは、特定の属性について同時にまたは時間の経過に応じて複数の値を取り得る。このような属性は多値とよばれる。

それぞれの実体の下に提示された属性は代表的なものであり、特定のアプリケーションに役立つように決定された属性の、網羅的な一覧表とみなすことはできない。アプリケーションは、適切なデータを追加して記録するための、または説明されたものより粒度の高いデータを記録するための付加的な属性を定義することができる。本モデルにとって重要なまたは書誌情報システムにしばしば適切ないくつかの属性が、ここに含まれている。しかしながら、本モデルにおける属性の一覧表は、これらの属性がいかなるアプリケーションにも必須であることを意図していない。

項目 4.1.3（実体の詳細定義）において宣言された実体のみが、本モデルにおいて定義された属性をもつ。**集合的行為主体**という実体は定義された属性をまったくもたない。実体のサブクラス化は属性のサブタイプを生み出す。例えば、**個人**および**集合的行為主体**という実体は**行為主体**という実体のサブクラスなので、**行為主体**について定義されたすべての属性は**個人**や**集合的行為主体**にも適用することができ、したがってそれらの実体に対して明示的に定義する必要はない。しかしながら逆は真ではない。即ち、**個人**に定義づけられた特有の属性は、スーパークラスの**行為主体**に適用範囲を広げることはできない。

4.2.2 属性の階層構造

下の表 4.3 は、本モデルにおいて定義づけられた属性を簡潔な表に要約したものである。実体の階層構造（完全なものは項目 4.1.2 の表 4.1 に示した）に次いで、属性もまた階層として特徴づけられる。特に **res** の属性**カテゴリー**はサブタイプ化されて、**res** の特定のサブクラスの実体に属性**カテゴリー**を提供する。これらは本モデルの中で、下位のレベルにおいて定義される唯一の属性であり、この表の 4 列目に置かれている。他のすべての属性は同じレベルであり、3 列目に置かれている。本モデルを拡張するに際して、付加的な下位レベルの属性を定義することができる。この表において、3 階層目の**個人**は 2 階層目

の実体と同じ列に置かれている（**集合的行為主体**は、何ら定義された属性をもたないため示されていない）。すべての実体の完全な定義は、項目 4.2.4 にある表 4.4（属性）に示されている。

表 4.3 属性の階層

実体の トップレベル	実体の下位レベル	属性のトップレベル	属性の下位レベル
LRM-E1 res		LRM-E1-A1　カテゴリー (category)	
--	LRM-E2　著作	--	LRM-E2-A1　カテゴリー(category)
--	LRM-E3　表現形	--	LRM-E3-A1　カテゴリー(category)
--	LRM-E4　体現形	--	LRM-E4-A1　キャリアのカテゴリー (category of carrier)
--	LRM-E9　nomen	--	LRM-E9-A1　カテゴリー(category)
--	LRM-E10　場所	--	LRM-E10-A1　カテゴリー(category)
LRM-E1 res		LRM-E1-A2　注記 (note)	
--	LRM-E2　著作	LRM-E2-A2　代表表現形属性 (representative expression attribute)	
--	LRM-E3　表現形	LRM-E3-A2　数量 (extent)	
--	LRM-E3　表現形	LRM-E3-A3　対象利用者 (intended audience)	
--	LRM-E3　表現形	LRM-E3-A4　利用権 (use rights)	
--	LRM-E3　表現形	LRM-E3-A5　縮尺 (cartographic scale)	
--	LRM-E3　表現形	LRM-E3-A6　言語 (language)	
--	LRM-E3　表現形	LRM-E3-A7　調 (key)	
--	LRM-E3　表現形	LRM-E3-A8　演奏手段 (medium of performance)	
--	LRM-E4　体現形	LRM-E4-A2　数量 (extent)	
--	LRM-E4　体現形	LRM-E4-A3　対象利用者 (intended audience)	

第4章　モデル定義

--	LRM-E4　体現形	LRM-E4-A4　体現形表示 (manifestation statement)	
--	LRM-E4　体現形	LRM-E4-A5　アクセス条件 (access conditions)	
--	LRM-E4　体現形	LRM-E4-A6　利用権 (use rights)	
--	LRM-E5　個別資料	LRM-E5-A1　所在 (location)	
--	LRM-E5　個別資料	LRM-E5-A2　利用権 (use rights)	
--	LRM-E6　行為主体	LRM-E6-A1　連絡先情報 (contact information)	
--	LRM-E6　行為主体	LRM-E6-A2　活動分野 (field of activity)	
--	LRM-E6　行為主体	LRM-E6-A3　言語 (language)	
--	-- LRM-E7　個人	LRM-E7-A1　職業 (profession/occupation)	
--	LRM-E9　nomen	LRM-E9-A2　nomen 文字列 (nomen string)	
--	LRM-E9　nomen	LRM-E9-A3　スキーマ (scheme)	
--	LRM-E9　nomen	LRM-E9-A4　対象利用者 (intended audience)	
--	LRM-E9　nomen	LRM-E9-A5　使用の文脈 (context of use)	
--	LRM-E9　nomen	LRM-E9-A6　参考資料 (reference source)	
--	LRM-E9　nomen	LRM-E9-A7　言語 (language)	
--	LRM-E9　nomen	LRM-E9-A8　文字種 (script)	
--	LRM-E9　nomen	LRM-E9-A9　文字種変換法 (script conversion)	
--	LRM-E10　場所	LRM-E10-A2　所在 (location)	
--	LRM-E11　時間間隔	LRM-E11-A1　始期 (beginning)	
--	LRM-E11　時間間隔	LRM-E11-A2　終期 (ending)	

4.2.3 res の属性に関する注意点

カテゴリー：**カテゴリー**という属性は res に対して宣言されているので、任意の実体に自動的にサブタイプ化して適用することができる。特定の実体のカテゴリー化に対する重要なユースケースのために、一般的な属性である**カテゴリー**のいくつかの実体のサブタイプ化が本モデルにおいて宣言され、固有の属性の番号が与えられている。このことは、アプリケーションによって有用であると考えられる場合に、他の実体の下では一般的なカテゴリーをサブタイプ化できないことを意味しない。**カテゴリー**は特定のアプリケーションに関連するタイポロジー（類型論）またはカテゴリー化のスキーマに従って、実体のサブタイプ化や下位のカテゴリー化に役立つ。カテゴリー化のいくつかの独立した種別は、特定の実装においてある実体に適用してよい。この実装の必要に応じて、**カテゴリー**の使用を通じて定義されるその実体の種別は、その実体のサブクラスである特定の実体として機能できる。このメカニズムは具体的な細部について本モデルを拡張するために有効である。確立されたどのような統制語彙でも採用できるので、挙げられた例示はカテゴリー化の手段のための統制語彙を提案している、と解釈されることを企図するものではない。

注記：**注記**という属性は res に対して宣言されているので、他のいかなる実体にも適用されるようサブタイプ化できる。**注記**はある実体のあるインスタンスに関する情報と、その実体との結びつきを可能にする。**注記**は、特定の構造化された属性や関連ではなく、自由記述の形式で蓄積されている情報を格納するために実装できる。

4.2.4 属性の詳細定義

本モデルにおいて宣言されたそれぞれの属性は、下の表 4.4 に記述されている。属性はそれぞれが属する実体によりグループ分けされている。実体は項目 4.1.3 の表 4.2（実体）における順に提示されている。属性はそれぞれの実体ごとに連番を付してある。例えば、**表現形**（表4.2では LRM-E3 と番号づけされている）の属性は、LRM-E3-A1 から LRM-E3-A8 まで番号づけされている。それぞれの実体の中での、属性の提示の順番は以下のとおりである。まず**カテゴリー**という属性（その実体のために特別に宣言されているのであれば）が最初に挙げられ、次に属性が論理的にグループ分けされた後にアルファベット順に挙げられている。それぞれの属性については、表の最初の行の欄が、番号と実体の次に属性の簡単な名称を、最後に簡単な定義を提示する。必要であればより長いスコープ・ノートと、その属性の選択された例をその後の行に提示してある。属性を完全に理解するには、定義とスコープ・ノート全文を調べることが重要である。属性の名称のみをもって属性の背後にある完全な意味を伝えようとはしていない。

このモデルはきわめて一般的なものであり、この表はある実体のどのような種類のインスタンスを記述するのにも役立つような属性を中心にしている。しかしながら、いくつかのより特別な属性をも規定している。図書館のコミュニティで使用されることを意図することに始まって、**言語**のようなテキストに関係する属性や、**演奏手段**のような音楽に関係す

第 4 章　モデル定義

る属性の重要性や有効性が認められている。これらのより特別な属性は、**表現形**に関して、より一般的な属性の後に、それらが属する実体のすべての種類のインスタンスに適用されるものではない旨を指示する表示に導かれて挙げられている。

大部分の属性は多値であるが、表 4.4 ではどれがそれに該当するかは明示していない。例えば、複数の独立したカテゴリー化の枠組みが**著作**に適用されるが、しかしながら終期の予定に関してカテゴリー化される場合、それぞれの定義は**著作**のインスタンスが同時に単行本でありかつ逐次刊行物ではあり得ないことを示している。

属性を文字列や URI で示し得る多くの場合では、例示は双方の可能性（完璧を目指してはいないが）の実例を提供している。例示の大部分は 2015 年現在で有効な、実際のデータベースや実在する正式な文書（UNIMARC マニュアルのような）から採られている。ときとしていくつかの例示は、本モデルが図書館での適用を中心にしてはいるものの、図書館のコミュニティに限定されなければならない訳ではないことを示すために、図書館外の情報源から採られている。多くの例示は種々の MARC フォーマット（即ち MARC21、UNIMARC、INTERMARC）から採られてはいるものの、本モデルはセマンティック・ウェブの技術に適合することを念頭に置いて開発された。そして将来は RDF の例示も同様に提供するようこの文書が改訂されることが望まれる。MARC の例示においては、以下の慣例が適用されている。即ち、フィールド・タグ、指示子とサブフィールドの内容の順で提示され、指示子の空値はハッシュ・マーク（#）により示され、表示上のスペースはサブフィールドコードの前後に置かれている。

nomen のインスタンスと、そのインスタンスの **nomen** 文字列の属性値とを区別するため、次の表記規則を採用している。即ち、一重引用符（' '）が **nomen** のインスタンスを示す一方、二重引用符（" "）はそのインスタンスの **nomen** 文字列の属性値を示す。

表 4.4　属性

ID	実体	属性	定義
LRM-E1-A1	res	カテゴリー (category)	res が属するタイプ
		スコープ・ノート	
		例	・物 ・著作 ・概念 ・出来事 ・家族 ・団体

4.2 属性

ID	実体	属性	定義
LRM-E1-A2	res	注記 (note)	特定の属性および（または）関連の使用によっては記録されない、**res** に関する任意の情報
		スコープ・ノート	
		例	• Imprint stamped on verso of t.p. [**体現形**に関する一般的な**注記**] • Fourth manned mission in the Apollo program. [米国議会図書館典拠（Library of Congress Authorities）における、ある物体、即ちアポロ 10 号宇宙船に関する一般的な**注記**の一部] • Surgery performed on an outpatient basis. May be hospital-based or performed in an office or surgicenter. [ある概念に関する一般的な**注記**] • Deacidified copy. [ある個別資料に関する一般的な**注記**] • 317 ## $a Inscription on the title page in sixteenth century hand, 'Iohannes Wagge me iure tenet' $5 DB/S-5-KK.555 [UNIMARC フィールドで表現された、**個別資料**の所蔵者履歴に関する**注記**]

ID	実体	属性	定義
LRM-E2-A1	著作	カテゴリー (category)	**著作**が属するタイプ
		スコープ・ノート	**カテゴリー**は、様々なカテゴリー化に関して、特定の著作を特徴づけることが可能な属性である。 - 終期の予定に関するカテゴリー化 - 創造分野に関するカテゴリー化 - 形式／ジャンルによるカテゴリー化 - その他
		例	<u>終期の予定に関するカテゴリー化</u> • 単行本 • 逐次刊行物 <u>創造分野に関するカテゴリー化</u> • 文学 • 音楽 • 美術 <u>形式／ジャンルによるカテゴリー化</u> • 小説 • 戯曲 • 詩 • 随筆 • 交響曲 • 協奏曲

第 4 章　モデル定義

| | | <ul><li>ソナタ</li><li>fnk [funk の UNIMARC コード]</li><li>sou [ソウル・ミュージックの UNIMARC コード]</li><li>素描</li><li>絵画</li><li>写真</li></ul> | |

ID	実体	属性	定義
LRM-E2-A2	著作	代表表現形属性 (representative expression attribute)	その著作を特徴づけるのに重要と思われる属性で、その値は著作の典型的または正典的な表現形から採用される
		スコープ・ノート	代表表現形属性は一般にタイプ化されるが、選択されたタイプは使用する文脈（目録規則、目録の性質または著作のカテゴリーによって与えられる）によって一様ではない。選択されたそれぞれの属性はそれ自体が多値であり得る。これらの属性の値は、その著作を最も代表すると考えられる特定の表現形、または多少は漠然とした類似の表現形のネットワークから抽出される。代表表現形属性の値の情報源として使用される1つまたは複数の表現形を正確に識別する必要はないし、その表現形がどこで識別されたのかについて記録しなくてよい。 （本モデルにおけるこの属性の機能に関する付加的な議論は、項目「5.6 代表表現形属性」を参照。）
		例	文字著作に対して ・言語：英語 ・対象利用者：児童 音楽著作に対して ・調：変ロ短調 ・演奏手段：ヴァイオリン 地図著作に対して ・縮尺：1:10,000 ・投影法：アルベルス正積円錐図法 動画著作に対して ・画面アスペクト比：16:9 ・着彩：手彩色 美術著作に対して ・制作手段：彫刻

ID	実体	属性	定義
LRM-E3-A1	表現形	カテゴリー (category)	表現形が属するタイプ
		スコープ・ノート	カテゴリーは、様々なカテゴリー化に関して、その表現形を特徴づけることができる。 - 表現種別

			- 作成段階 - 楽譜の形式 - その他
		例	英語の自然語で表現された表現種別 • written notation • musical notation • recorded sound ISBD の表現形式の統制語彙から、英語の名辞として表現された表現種別 • dataset • image • music • text ISBD の表現形式の統制語彙から、URI として表現された表現種別 • http://iflastandards.info/ns/isbd/terms/contentform/T1001 • http://iflastandards.info/ns/isbd/terms/contentform/T1002 • http://iflastandards.info/ns/isbd/terms/contentform/T1004 • http://iflastandards.info/ns/isbd/terms/contentform/T1009 英語の自然語で表現された作成段階に関するカテゴリー化 • draft • final 英語の自然語で表現された、楽譜の形式に関する（楽譜の表現種別に適用できる）カテゴリー化 • vocal score • piano conductor part • その他 英語の自然語で表現された、楽譜の記譜法に関する（楽譜の表現種別に適用できる）カテゴリー化 • graphic notation（図形記譜法） • neumatic notation（ネウマ記譜法） • その他

ID	実体	属性	定義
LRM-E3-A2	表現形	数量 (extent)	表現形の数量の程度
	スコープ・ノート	数量の値は 3 つの要素から成る。 - 数量の種類（例えば、テキストの長さ、楽譜の想定された演奏時間、記録された演奏の実際の演奏時間など）	

第4章　モデル定義

		- 数 - 長さの単位（単語、分など） 数量の種類や寸法の単位は暗黙のうちに提示されることがある。数量を記録する際の精度は一様ではない。
	例	• approximately 8 minutes [楽譜上に英語の自然語で表示された演奏時間] • 306 ## ǂa 002052 ǂa 000415 ǂa 000956 ǂa 003406 [MARC21フィールドでコード化された時間]

ID	実体	属性	定義
LRM-E3-A3	表現形	対象利用者 (intended audience)	表現形が想定している利用者の種類
	スコープ・ノート	対象利用者は、特徴を有するその表現形が特に適しているとみなされるエンドユーザの集団を示すことで、その表現形を特徴づけることができる。 - 年齢集団に関するカテゴリー化 - 感覚障害に関するカテゴリー化 - 教育水準に関するカテゴリー化 - 職業集団に関するカテゴリー化 - その他	
	例	年齢集団に関するカテゴリー化 • 児童 • ヤング・アダルト • 成人 感覚障害に関するカテゴリー化 • 点字識字者 • 視覚による説明が必要な利用者 • クローズド・キャプションが必要な利用者 教育水準に関するカテゴリー化 • 初等 • 中等	

ID	実体	属性	定義
LRM-E3-A4	表現形	利用権 (use rights)	表現形が従う利用制限の種類
	スコープ・ノート		
	例	• Reproduction is submitted to authorization [英語の自然語で表現された権利] • The play can be read or performed anywhere, by any number of people. Anyone who wishes to do it should contact the author's agent [...], who will license	

		performances free of charge provided that no admission fee is charged and that a collection is taken at each performance for Medical Aid for Palestinians [...]. [Caryl Churchill の戯曲 *Seven Jewish children* に付された、英語の自然語で表現された上演権]
		表現形の特定のタイプにのみ適用される属性

ID	実体	属性	定義
LRM-E3-A5	表現形	縮尺 (cartgraphic scale)	表現する実際の距離に対する、地図表現形における長さの比
	スコープ・ノート	縮尺は地図著作の表現形に特有の属性である。 縮尺は、表現形に提示されている水平距離、垂直距離、角距離、および（または）他の距離に適用されることがある。	
	例	• Scale 1:10,000 [英語の自然語で表現された縮尺] • 034 1# ǂa a ǂb 100000 [MARC21 フィールドにおける標準の形式で表現された縮尺	

ID	実体	属性	定義
LRM-E3-A6	表現形	言語 (language)	表現形で用いられている言語
	スコープ・ノート	言語は、専らまたは部分的に（音響のまたは記録された）言語記号から成る、表現形に特有の属性である。 表現形の属性である言語は、表現形の個々の構成要素における複数の言語を含むことがある。	
	例	• it [ISO 639-1 コードとして表現された言語であるイタリア語] • bre [ISO 639-2 コードとして表現された言語であるブルトン語] • Slovene [英語の自然語の名辞として表現された言語] • Slovenian [英語の自然語の名辞として表現された言語の別名] • http://id.loc.gov/vocabulary/iso639-1/zu [URI として表現された言語であるズールー語]	

ID	実体	属性	定義
LRM-E3-A7	表現形	調 (key)	表現形を特徴づける音の高さの構造（音階、教会旋法、ラーガ、マカームなど）
	スコープ・ノート	調は音楽著作の表現形に特有の属性である。 「調」という名辞は様々な音楽の伝統を含んで幅広く定義される。この属性は西洋の芸術音楽に限定されない。	

第 4 章　モデル定義

	例	• C major [英語の自然語で表現された**調**] • 128 [...] $d dm [UNIMARC のサブフィールドにおけるコードで表現されたニ短調の**調**] • Hypolydian mode [英語の自然語で表現された**旋法**] • 8th ecclesiastical mode [英語の自然語で表現された**旋法**] • Bayati [英語の自然語で表現された**マカーム**] • بياتي [アラビア語の自然語で表現された**マカーム**]	

ID	実体	属性	定義
LRM-E3-A8	表現形	演奏手段 (medium of performance)	**表現形**において、表示され想定されまたは実際に使用された、演奏用具（声、楽器、合奏など）の組み合わせ
		スコープ・ノート	**演奏手段**は、音楽**著作**の**表現形**に特有の属性である。 **演奏手段**の値は、以下で構成される少なくとも 1 つの単位を含む。 -数（単数名詞の使用による暗示、または明示的な表示） -演奏用具の種類（以下を含むことがある。声域の種類、個々の楽器の種類、合奏の種類など）
		例	• flute, oboe, glass harmonica, viola, cello [英語の自然語で表現された**演奏手段**。演奏者の人数（1 楽器当り）は単数名詞を使用して暗示する] • flutes (2), oboes (2), clarinets (2), horn, bassoon [英語の自然語で表現された**演奏手段**。演奏者の人数は（1 人のときは）暗示するか、または(2)のように明示する] • clarinet or viola [代用楽器を含めて、英語の自然語で表現された**演奏手段**] • 382 0# ‡a trumpet ‡n 2 ‡a trombone ‡n 2 ‡s 4 [MARC21 フィールドに表現された**演奏手段**] • 146 0# $a b $c 01svl#### $c 01kpf#### $i 002a [UNIMARC フィールドにおけるコードとして表現された**演奏手段**（器楽、ヴァイオリンとピアノ、演奏者 2 人）] • http://id.loc.gov/authorities/performanceMediums/mp2013015841 [URI として表現された**演奏手段**（ソロ・ヴォーカルと合奏）] • \<perfMedium\>\<performer\>\<instrVoice\>violin\</instrVoice\>\</performer\>\<performer\>\<instrVoice\>viola\</instrVoice\>\</performer\>\<performer\>\<instrVoice\>violoncello\</instrVoice\>\</performer\>\</perfMedium\> [MEI (Music Encoding Initiative)のスキームで表現された**演奏手段**]

ID	実体	属性	定義
LRM-E4-A1	体現形	キャリアのカテゴリー (category of carrier)	**体現形**のすべての物理的キャリアが属するとみなされる材料の種類

	スコープ・ノート	**キャリアのカテゴリー**は、様々なカテゴリー化について、その**表現形**を特徴づけることができる。 ・キャリアの一般的種類に関するカテゴリー化(例えば、シート) ・キャリアの製作に用いられた物理的材料に関するカテゴリー化（例えば、プラスチック） ・キャリアの基底材に利用された物理的材料に関するカテゴリー化（例えば、油性塗料） ・**体現形**の製作において、記号、音、または画像の記録に用いられた手段に関するカテゴリー化（例えば、アナログ） ・その他 複数の物理的構成要素から成る**体現形**のキャリアには、2以上の形態が含まれる場合がある（例えば、小冊子付きのフィルムストリップ、フィルム用サウンドトラックを伴う独立した録音ディスクなど）。
	例	<u>英語の自然語で表現された、キャリアの一般的種類についてのカテゴリー化</u> • sound cassette [録音カセット] • videodisc [ビデオディスク] • microfilm cartridge [マイクロフィルム・カートリッジ] • transparency [トランスペアレンシー] <u>キャリアの製作に用いられた物理的材料に関するカテゴリー化</u> • 紙 • 木材 • プラスチック • 金属 <u>キャリアの基底材に塗布された物理的材料に関するカテゴリー化</u> • 油性塗料 [キャンバスに塗布] • 化学感光乳剤 [フィルムベースに塗布] <u>**体現形**の製作において、記号、音、または画像の記録に用いられた手段に関するカテゴリー化</u> • アナログ • アコースティック • 電気 • デジタル • 光学

ID	実体	属性	定義
LRM-E4-A2	体現形	数量 (extent)	その**体現形**の1つの物理的キャリアに見られ、他のすべての物理的キャリアにも同様に見ることができるとみなされる**数量**

第4章 モデル定義

	スコープ・ノート	数量の値は3つの要素から成る。 -数量の種類(例えば、物理的単位の数量、高さ、幅、直径など) -数 -測定単位(例えば、巻、ページ、枚、ディスク、リールなど。センチメートル、インチなど。メガバイトなど) 数量の種類と測定単位は暗示されることがある。数量の記録で用いられた正確さのレベルは変化することがある。
	例	• 300 ## $a 301 p., [8] p. of plates [AACR2に従って記録され、MARC21サブフィールドに表現されたページ数] • 215 ## $a 1 score (vi, 63 p.) $d 20 cm $a 16 parts $d 32 cm $e 1 booklet [UNIMARCフィールドの種々のサブフィールドに表現されたページ数と高さ、部分の数と高さ、付属資料要素の数] • 4 3/4 in. [英語の自然語で表現された直径]

ID	実体	属性	定義
LRM-E4-A3	体現形	対象利用者 (intended audience)	体現形の物理的キャリアが想定する利用者の種類
	スコープ・ノート	対象利用者は、それらの特徴をもつ体現形が特に適すると思われるエンドユーザのグループを示すことで、特定の体現形を特徴づけることができる。 -知覚障害に関するカテゴリー化(視覚障害、聴覚障害など) -特定利用者のための特別のキャリアに関するカテゴリー化(幼児など) -その他	
	例	知覚障害に関するカテゴリー化 • 通常の印刷を読むことができる利用者 • 拡大印刷が必要な利用者 • ディスレクシアのための読みやすい文字を必要とする利用者 特定利用者に関するカテゴリー化 • 幼児向けのボード・ブック • 幼児向けのバス・ブック	

ID	実体	属性	定義
LRM-E4-A4	体現形	体現形表示 (manifestation statement)	体現形の例示(exemplar)に現れ、その情報資源がどのように自身を表現しているかを、利用者が理解するために重要であると思われる表示
	スコープ・ノート	体現形表示は、通常、体現形の例示に存在する単数または複数の情報源から転記される表示である。転記の慣行は、それぞれの実装により成文化されている。	

4.2 属性

		体現形は、異なるタイプの複数の表示により特徴づけられる可能性が高い。大部分の実装において、これらの表示は利用者のニーズに適切と思われる粒度のレベルでタイプ化されることが多い。例えば、**体現形表示**は次のような転記要素を含むことがある。出版表示（全体）、またはその代わりに出版地表示＋出版者表示＋出版日付表示（3つの個々の表示）。
	例	• 우리말의 수수께끼 : 역사 속으로 떠나는 우리말 여행 / 박영준...[등]지음 [完結したISBDエリア1] • Edinburgi : venundantur apud M. R. Freebairn, J. Paton et G. Brown, 1716 [完結した出版表示] • Edinburgi [出版地表示] • venundantur apud M. R. Freebairn, J. Paton et G. Brown [出版者表示] • 1716 [出版日付表示] • De l'imprimerie des aristocrates, chez Pluton, aux portes de l'Enfer : et se trouve chez la garde bréviaire de l'abbé Maury, Marie Margot, rue Troussevache [完結した出版表示で、架空の出版地（"at Pluto's, at the gates of Hell"）への参照を含み、出版日付表示が欠落] • 4th revised ed. [版表示、ISBDの転記方法に従っている] • 4th revised edition [版表示、RDAの転記方法に従っている] • (Miscellaneous report / Geological survey of Canada = Rapport divers / Commission géologique du Canada) [完結したISBDエリア6]

ID	実体	属性	定義
LRM-E4-A5	体現形	アクセス条件 (access conditions)	体現形の任意のキャリアを入手する可能性が高い方法に関する情報
	スコープ・ノート	**アクセス条件**には次のものが含まれる。 -システム要件 -アクセス方法 -その他	
	例	• 538 ## ‡a System requirements: IBM 360 and 370; 9K bytes of internal memory; OS SVS and OSMVS. [MARC21フィールドに表現されたシステム要件] • 538 ## ‡a Blu-ray 3D: requires Blu-ray player; 3D version requirements: full HD TV, compatible 3D glasses, Blu-ray 3D Player or PS3, and high speed HDMI cable. [MARC21フィールドに表現されたビデオディスクのシステム要件] • 538 ## ‡a PSP (PlayStation portable); region 1; wi-fi compatible. [MARC21フィールドに表現されたビデオゲームのシステム要件]	

第4章 モデル定義

ID	実体	属性	定義
LRM-E4-A6	体現形	利用権 (use rights)	体現形のすべてのキャリアが従うとみなされている利用制限および（または）アクセス制限の種類
	スコープ・ノート	利用権には次のものが含まれる。 ・入手条件 ・アクセス制限 ・その他 利用権は、出版者により直接付与されたり、図書館が契約した権利または使用許諾契約を介して伝えられる出版者により課されたりすることがある。これは、デジタル・オブジェクトに結びついた権利の場合にしばしば見られる。	
	例	• Freely available to members of the Club. [英語の自然語で表現された権利] • Restricted to institutions with a subscription. [英語の自然語で表現された権利]	

ID	実体	属性	定義
LRM-E5-A1	個別資料	所在 (location)	個別資料を所蔵、保存、またはアクセス可としているコレクションおよび（または）機関
	スコープ・ノート	この情報は、個別資料の入手に際してエンドユーザを案内するために、正確さのレベルがどこまで必要かを特定することができる。	
	例	• 252 ## $a DLC $b Manuscript Division $c James Madison Memorial Building, 1st & Independence Ave., S.E., Washington, DC USA $f 4016 [UNIMARCフィールドに表現された所在] • 852 01 $a ViBlbV $b Main Lib $b MRR $k Ref $h HF5531.A1 $i N4273 [MARC21フィールドに表現された所在]	

ID	実体	属性	定義
LRM-E5-A2	個別資料	利用権 (use rights)	個別資料が従う利用制限および（または）アクセス制限の種類
	スコープ・ノート		
	例	• Film restricted to classroom use. [英語の自然語で表現された権利] • In-library use only. [レファレンス・コレクションに収められたコピーと結びついた、英語の自然語で表現された権利]	

4.2 属性

ID	実体	属性	定義
LRM-E6-A1	行為主体	連絡先情報 (contact information)	行為主体との伝達や連絡に役立つ情報
	スコープ・ノート		
	例	• P.O. Box 95312, 2509 La Haye. Contact：31.70.3140884. Télécopie：31.70.3834827. Adresse électronique：IFLA@ifla.org ［フランス語の自然語で表現された、集合的行為主体であるIFLAの連絡先］	

ID	実体	属性	定義
LRM-E6-A2	行為主体	活動分野 (field of activity)	行為主体が従事している、または従事していた活動分野、専門領域など
	スコープ・ノート		
	例	• 780［デューイの分類番号として表現された活動分野である音楽］ • journalisme［RAMEAU（フランス国立図書館件名標目表）の名辞として表現された活動分野であるジャーナリズム］ • art history［ゲティ美術・建築シソーラス（AAT）の名辞として表現された活動分野］	

ID	実体	属性	定義
LRM-E6-A3	行為主体	言語 (language)	表現形を創造するとき行為主体が使用する言語
	スコープ・ノート	その行為主体は同時または経時に複数の言語を使用できる。 その言語の使用タイプを特定できる（例えば、原内容の創造のための英語言語の使用、翻訳元の言語としての英語言語の使用など）。	
	例	• 041 ## $a eng $a fre [...]［INTERMARC サブフィールドのコードとして表現された、原内容の創造のために Samuel Beckett が使用した言語である英語とフランス語］ • 041 ## [...] $t eng $t fre［INTERMARC サブフィールドのコードとして表現された、翻訳元の言語として Samuel Beckett が使用した言語である英語とフランス語］ • http://id.loc.gov/vocabulary/iso639-1/zu［URI として表現された言語であるズールー語］	

第4章　モデル定義

ID	実体	属性	定義
LRM-E7-A1	個人	職業 (profession/occupation)	個人が従事する（従事していた）職業
		スコープ・ノート	
		例	• librarian [英語の自然語で表現された職業]
	集合的行為主体	この実体に限定された属性はない。適合する属性として**行為主体**を見よ。	

ID	実体	属性	定義
LRM-E9-A1	nomen	カテゴリー (category)	nomen が属する種類
		スコープ・ノート	nomen は、以下の用語でカテゴリー化されることがある。 - 命名された事物の種類（個人名、著作のタイトルなど） - nomen が確立された情報源（背表紙のタイトル、欄外タイトル） - nomen の機能（識別子、統制形アクセス・ポイント、分類記号など）
		例	• http://id.loc.gov/vocabulary/identifiers/isbn-a [URI として表現された**カテゴリー**（より明確には識別子の一種）] • controlled access point [英語の自然語で表現された**カテゴリー**] • personal name [英語の自然語で表現された**カテゴリー**] • spine title [英語の自然語で表現された**カテゴリー**] • running title [英語の自然語で表現された**カテゴリー**] • key title [英語の自然語で表現された**カテゴリー**（より明確には識別子の一種）] • pseudonym [英語の自然語で表現された**カテゴリー**] • married name [英語の自然語で表現された**カテゴリー**]

ID	実体	属性	定義
LRM-E9-A2	nomen	nomen 文字列 (nomen string)	nomen を通じてある実体と結びつく呼称（appellation）を形作る、記号の組み合わせ
		スコープ・ノート	nomen に含まれる文字列は、どのような形式の表記法でも、例えば書記体系の範囲内での記号の組み合わせ、化学構造記号、数学的表記法、その他の例えば音声など如何なる種類の記号によっても表現することができる。 nomen は、その nomen を通じて事物と結びついた呼称を構成する単なる記号列以上のものである。文脈づけ（contextualization）なくしては nomen 文字列の値は単なる文字（literal）であり、nomen 自体が呼称関連（appellation relationship）の結果として、res の唯一無二のインスタンスに結びつくのとは対照的に、世界のどのようなものにも潜在的に

		結びつく。例えば、**nomen** 'John Smith'は、世界に唯一無二の John Smith の呼称であり、他方、ラテン文字で"John Smith" と読む **nomen 文字列**の値は、たまたま'John Smith'と名づけられた世界のすべての異なる事物と同じである。 (呼称関連の LRM-R13 に対するスコープ・ノートをも見よ。)
	例	• ラテン・アルファベット文字列 "Agatha Christie" [これは文脈によっては**個人** {Agatha Christie} を指すものとして現れることがある] • ラテン・アルファベット文字列"The postman always rings twice" [これは文脈によっては例えば James M. Cain 作の小説を指すものとして現れることがある] • ラテン・アルファベット文字列 "IFLA" [これは文脈によっては**集合的行為主体** {International Federation of Library Associations and Institutions}を指すものとして現れることがあるが、別の**集合的行為主体**である{International Federation of Landscape Architects}を指す別の **nomen** に対する **nomen 文字列**の値としても現れることもある] • ラテン・アルファベット文字列"poison"。これは単なる文字列としては何の言語ももたないが、英語の **nomen** 'poison'のもつ **nomen 文字列**の値をも構成すれば、フランス語の **nomen**'poison'のもつ **nomen 文字列**の値をも構成する • ラテン・アルファベット文字列"Gift"。これは単なる文字列としては何の言語ももたないが、{gift}という概念と結びついた英語の **nomen**'Gift'としての **nomen 文字列**の属性の意味と、{poison}という概念と結びついたドイツ語の **nomen**'Gift'としての **nomen 文字列**の意味との双方をも構成する • イギリスの発音での (一般的な名詞である) 語'hamlet'に対して、ウェブページ上に録音された、音を表す次の文字列 　<http://dictionary.cambridge.org/pronunciation/english/hamlet> • 両ウェブページ上に録音された、音を表す次の文字列。イギリスの発音での'serial'に対して、ウェブページ上に録音された、音を表す次の文字列 　<http://dictionary.cambridge.org/pronuncation/english/serial> イギリスの発音での'cereal'に対して、ウェブページ上に録音された、音を表す次の文字列 　<http://dictionary.cambridge.org/pronuncation/english/cereal> • アラビア数字の文字列「20150601」。これは少なくとも 2 つの異なる **nomen** の **nomen 文字列**の値を構成する。標準化された日付 (**時間間隔**を表す **nomen**) と ISSN (中央のハイフンなしで) (**著作**を表す **nomen**) である • アラビア数字の文字列「300」。これは少なくとも 5 つの異なる **nomen** の **nomen 文字列**の値を構成する。非標準化された日付 (**時間間隔**を表す **nomen**)、タイトル (**著作**を表す

			nomen)、「デューイ十進分類法」の数字（res を表す nomen）、ホテルの部屋番号（res を表す nomen）、MARC21 フィールドのコード（res を表す nomen）である

ID	実体	属性	定義
LRM-E9-A3	nomen	スキーマ (scheme)	その nomen が基づいているスキーマのこと
		スコープ・ノート	スキーマには以下が含まれる。 - 値のコード化のスキーマ（件名標目表、シソーラス、分類表、名前の典拠リストなど） - 統語的なコード化のスキーマ（日付のコード化の基準など） 他の nomen の属性（対象利用者、言語、文字種のような）の 1 つと同じ値が、特定のスキーマのすべての nomen に適用できるとき、その値はスキーマのレベルで実装できる。
		例	• http://id.loc.gov/authorities/performanceMediums [URI として表現された演奏手段に対する値のコード化のスキーマ] • http://id.loc.gov/authorities/classification [URI として表現された、「議会図書館分類表」に対する値のコード化のスキーマ] • ISO8601 [日付と時刻に対する統語的なコード化のスキーマ]

ID	実体	属性	定義
LRM-E9-A4	nomen	対象利用者 (intended audience)	その nomen が適切である、または推奨されると考えられる利用者の階層
		スコープ・ノート	ある nomen に対して対象利用者を示すことは、同じものを指す一群の nomen から、特定の文脈に使用するための nomen を選ぶ手段の基礎として有用である。例えば、ある国際的な多言語の典拠ファイルは、その nomen が優先形である言語を記録することで、それぞれの nomen について対象利用者を示すことができる。
		例	• sj [米国議会図書館の全児童件名標目で接頭辞として使われるコードとして表現された、児童という対象利用者] • chi [MARC21 の言語コードとして表現された、中国語話者という対象利用者]

ID	実体	属性	定義
LRM-E9-A5	nomen	使用の文脈 (context of use)	nomen を通じて参照される行為主体によって、その nomen が使用される文脈に関する情報
		スコープ・ノート	使用の文脈は、行為主体によって使用された nomen と結びついた領域を含む。
		例	• 文学的な著作 [英語の自然語で表現された使用の文脈] • 批評的な著作 [英語の自然語で表現された使用の文脈]

4.2 属性

| | | | • 数学の著作 [英語の自然語で表現された**使用の文脈**]
• 推理小説 [英語の自然語で表現された**使用の文脈**] |

ID	実体	属性	定義
LRM-E9-A6	nomen	参考資料 (reference source)	その **nomen** が使用されているという証明がある情報源
	スコープ・ノート	**参考資料**は、識別に役立つ **res** のインスタンスと付記事項との間の結合の存在を証明する。それは **nomen** の有効性と範囲を明らかにすることがある。 **参考資料**の値は、以下のようなものを示すことがある。 - 人名辞典、事典等 - 他のスキーマ - 何らかの出版物 - その他	
	例	• 670##|a Adamson, J. Groucho, Harpo, Chico, and sometimes Zeppo, [1973] [MARC21 フィールドで表現された**参考資料**。この**参考資料**は nomen 'Marx Brothers' を通じて識別された**集合的行為主体**に関する出版物である] • 670##|a nuc89-22212: Her RLIN II processing for UC online catalog input, 1984 |b (hdg. on WU rept.: Coyle, Karen; usage: Karen Coyle) [MARC21 フィールドにおいて表現された**参考資料**。この**参考資料**は nomen'Coyle, Karen' を通じて識別された**個人**による出版物である] • 810 ## $a Les clowns et la tradition clownesque / P. R. Lévy, 1991 [UNIMARC フィールドにおいて表現された**参考資料**。この**参考資料**は nomen 'Clowns'により識別された **res** に関する出版物である] • 810 ## $a Oxford dictionary of national biography [UNIMARC フィールドにおいて表現された**参考資料**。この**参考資料**は人名辞典である] • 810 ## $a LCSH, 1988-03 [UNIMARC フィールドにおいて表現された**参考資料**。この**参考資料**は、**nomen** が表すスキーマとは区別された別の**スキーマ**である]	

ID	実体	属性	定義
LRM-E9-A7	nomen	言語 (language)	その **nomen** が証明される際の言語
	スコープ・ノート	**言語**は、その **nomen** の正当性を示す特定のタイプの**スキーマ**(即ち自然言語)を記録していると見ることもできる。この観点からは、**言語**は**スキーマ**のサブタイプとして実装されることがある。	
	例	• http://id.loc.gov/vocabulary/iso639-1/zu [URI として表現された**言語**のズールー語]	

第4章 モデル定義

ID	実体	属性	定義
LRM-E9-A8	nomen	文字種 (script)	その nomen を記すのに用いられている文字種
		スコープ・ノート	文字種は、その nomen の記載に用いられた表記法の識別を可能とする。表記法にはすべての慣行が含まれる。それはアルファベットであったり、音節的なものであったり、表意文字であったり、これらの組み合わせであったりする。 ただし、文字種には、字体の選択などの外見上の特徴（例えば、文字の大きさ、色）など、書かれた記号の解釈に影響するどのような特徴をもコード化しない要素は包含されない。
		例	• Tibetan [英語の自然語で表現された文字種] • Tibt [ISO15924 標準のコードとして表現された文字種] • t [INTERMARC フォーマットで用いられるコードとして表現された文字種]

ID	実体	属性	定義
LRM-E9-A9	nomen	文字種変換法 (script conversion)	他の異なる文字種で記された他の異なる nomen に基づいて派生した nomen の、生成の際に適用されたルール、システム、基準など
		スコープ・ノート	文字種変換法の値は、以下のようなものを示すことがある。 - 翻字 - 不可逆の文字種変換 - その他
		例	• ISO9 [キリル・アルファベットからラテン・アルファベットへの文字種変換法] • ウェード・ジャイルズ式 [中国語の文字種からラテン・アルファベットへの文字種変換法]

ID	実体	属性	定義
LRM-E10-A1	場所	カテゴリー (category)	場所が属するタイプ
		スコープ・ノート	
		例	• town [英語の自然語で表現されたカテゴリー] • country [英語の自然語で表現されたカテゴリー] • continent [英語の自然語で表現されたカテゴリー]

ID	実体	属性	定義
LRM-E10-A2	場所	所在 (location)	**場所**の地理的領域の限定
	スコープ・ノート	用いられた正確さのレベルは、文脈によって変化し得る。
	例	• 123 ## $d E1444300 $e E1482200 $f S0403900 $g S0433900 [UNIMARC フィールドでコードとして表現された**所在**]

ID	実体	属性	定義
LRM-E11-A1	時間間隔	始期 (beginning)	出来事の時間的位置を認識する信頼できる外部のシステムによって正確な方法で表現された、**時間間隔**が始まった時刻の値
	スコープ・ノート	用いられた正確さのレベルは、文脈によって変化し得る。
	例	• 19850412T101530 [標準 ISO8601 によって表現された**始期**] • 今から 4 億 8830 万年前 [地質学上の時代区分における、オルドビス紀の**始期**]

ID	実体	属性	定義
LRM-E11-A2	時間間隔	終期 (ending)	出来事の時間的位置を認識する信頼できる外部のシステムによって正確な方法で表現された、**時間間隔**が終わった時刻の値
	スコープ・ノート	用いられた正確さのレベルは、文脈によって変化し得る。
	例	• 19860513T112536 [標準 ISO8601 によって表現された**終期**] • 今から 4 億 4370 万年前 [地質学上の時代区分における、オルドビス紀の**終期**]

4.2.5 属性の索引

下表 4.5 は、項目 4.2.4 の表 4.4（属性）において定義された属性の索引である。属性がその名称によってアルファベット順に排列されている（訳注：翻訳では訳語の五十音順に排列）。異なる実体の属性において同一名称が現れている場合は、実体の ID によって二次的に排列されている。

第4章 モデル定義

表 4.5 属性名による索引

属性名	属性ID	実体ID	実体
アクセス条件（access conditions）	LRM-E4-A5	LRM-E4	体現形
演奏手段（medium of performance）	LRM-E3-A8	LRM-E3	表現形
活動分野（field of activity）	LRM-E6-A2	LRM-E6	行為主体
カテゴリー（category）	LRM-E1-A1	LRM-E1	res
カテゴリー（category）	LRM-E2-A1	LRM-E2	著作
カテゴリー（category）	LRM-E3-A1	LRM-E3	表現形
カテゴリー（category）	LRM-E9-A1	LRM-E9	nomen
カテゴリー（category）	LRM-E10-A1	LRM-E10	場所
キャリアのカテゴリー（category of carrier）	LRM-E4-A1	LRM-E4	体現形
言語（language）	LRM-E3-A6	LRM-E3	表現形
言語（language）	LRM-E6-A3	LRM-E6	行為主体
言語（language）	LRM-E9-A7	LRM-E9	nomen
参考資料（reference source）	LRM-E9-A6	LRM-E9	nomen
始期（beginning）	LRM-E11-A1	LRM-E11	時間間隔
終期（ending）	LRM-E11-A2	LRM-E11	時間間隔
縮尺（cartographic scale）	LRM-E3-A5	LRM-E3	表現形
使用の文脈（context of use）	LRM-E9-A5	LRM-E9	nomen
職業（profession/occupation）	LRM-E7-A1	LRM-E7	個人
所在（location）	LRM-E5-A1	LRM-E5	個別資料
所在（location）	LRM-E10-A2	LRM-E10	場所
数量（extent）	LRM-E3-A2	LRM-E3	表現形
数量（extent）	LRM-E4-A2	LRM-E4	体現形
スキーム（scheme）	LRM-E9-A3	LRM-E9	nomen
体現形表示（manifestation statement）	LRM-E4-A4	LRM-E4	体現形
対象利用者（intended audience）	LRM-E3-A3	LRM-E3	表現形
対象利用者（intended audience）	LRM-E4-A3	LRM-E4	体現形
対象利用者（intended audience）	LRM-E9-A4	LRM-E9	nomen
代表表現形属性（representative expression attribute）	LRM-E2-A2	LRM-E2	著作
注記（note）	LRM-E1-A2	LRM-E1	res
調（key）	LRM-E3-A7	LRM-E3	表現形
文字種（script）	LRM-E9-A8	LRM-E9	nomen
文字種変換法（script conversion）	LRM-E9-A9	LRM-E9	nomen
利用権（use rights）	LRM-E3-A4	LRM-E3	表現形
利用権（use rights）	LRM-E4-A6	LRM-E4	体現形
利用権（use rights）	LRM-E5-A2	LRM-E5	個別資料
連絡先情報（contact information）	LRM-E6-A1	LRM-E6	行為主体
nomen文字列（nomen string）	LRM-E9-A2	LRM-E9	nomen

4.3 関連

4.3.1 序言

関連は書誌的宇宙の本質的な部分を構成し、実体のインスタンスを結びつけ、それらに文脈を与える。IFLA LRM モデルでは、関連は汎用的かつ抽象的に宣言されており、付加的な詳細化の導入によって、首尾一貫した方法で付加的な詳細部分を含めて実装することができる。

項目 4.3.3 の表 4.7 の最初の関連（**res** は **res** に「結びつけられる」）は、最上位レベルの汎用的な関連である。これ以外の本モデルで宣言されたすべての関連は、この関連の特定的な詳細化であり、定義域と値域の実体間の特定的な結びつきに意味内容を付加し、それが意味をもつところに厳密な制約を指定する。特定の実装において必要となる任意の付加的な関連は、モデル内で定義されている副次的な関連または最上位の関連の詳細化として定義することができる。主題を扱うシソーラスの文脈においては、主題として機能する **res** どうしの特定の関連は、最上位の関連の詳細化として定義することができる。

著作間、**表現形**間、**体現形**間、および**個別資料**間の関連は、このモデルの中核を成す。また、他の関連を実装することは、探索や発見を実現するものとしてエンドユーザにとって極めて重要なので推奨される。

本モデルで宣言された関連は、「複合的な」または多段階のステップの関連を構成する建築用ブロックとして機能し得る。2 つ以上の関連を辿ることは「パス（経路）」として参照される。例えば、ある**著作**とその主題を表す用語とのリンクは、**res** という実体の役割をも説明することになる 2 ステップのパスによって表される。

　　（LRM-R12）　*著作*は *res* を「主題としてもつ」
　　　　　　　　　　＋
　　（LRM-R13）　*res* は *nomen* という「呼称をもつ」

特定のアプリケーションにおいて特定のパスが頻繁に必要となるときには、より展開したパスに対するショートカットとして機能する、単一ステップの関連として実装することができる。そのときには、中間に位置するノードまたは実体は明示されない。モデルで宣言済みの、下記のショートカットは重要である。

　　（LRM-R15）　*nomen* は *nomen* と「等価である」
上記は以下の関連の組み合わせに等しい。
　　（LRM-R13i）　*nomen1* は *res* の「呼称である」
　　　　　　　　　　＋
　　（LRM-R13）　*res* は *nomen2* という「呼称をもつ」

実体のサブクラス／スーパークラスの構造（「isA」階層）は、関連における定義域または値域となる実体を限定するパスにおいても用いられる。下記の2つのステートメント：

  （isA） *個人*は*行為主体*である

      ＋

  （LRM-R5i） *行為主体*は*著作*を「創造した」

これらは次のショートカットを意味する。

     *個人*は*著作*を「創造した」

この後者の特定的な関連は、それが望ましいと考えられるならば、直接に実装に加えることができる。

多段階ステップのパスは、「isA」階層とモデル内で宣言された関連の両者を組み合わせて利用できる。ある**著作**から、ある**行為主体**（書誌作成機関など）が結びつけた **nomen** へのリンクと、その**著作**の創造に責任を有する**行為主体**へのリンクとが形成するパスなどは、これに該当する例である。

  （LRM-R5） *著作*は*行為主体1*により「創造された」

      ＋

  （isA）   *行為主体1*は*res*である

      ＋

  （LRM-R13） *res*は*nomen*という「呼称をもつ」

      ＋

  （LRM-R14i） *nomen*は*行為主体2*により「割り当てられた」

関連は実体のレベルで宣言される。関連は実体間に対して宣言されるが、実際にはインスタンス間において設定され、存在するということに留意することが重要である。

項目4.1.3において宣言された実体のみが、モデル内で定義された関連の定義域と値域になる。**個人**という実体は、定義された関連のいずれにも明示的には現れない。**個人**を必要とする詳細化された関連は、前述した実体階層のメカニズムを用いて作り出される。

4.3.2　関連の階層構造

以下の表4.6は、LRMモデルで定義された関連を簡潔な表形式にまとめている。実体の階層構造（項目4.1.2の表4.1に詳細に示されている）と同様に、関連も階層性の特性をもつ。すべての関連は最上位の関連（LRM-R1）を詳細化したものであり、このLRM-R1は表の最初の列の先頭行に示してある。モデル内で定義されたこれ以外のすべての関連は同一レベルにあり、表では第2列以降に示してある。モデルの拡張にあたっては、付加的な第2レベルの関連や、さらに階層的に下位レベルの関連を定義してよい。リストを圧縮したものとするため、ここでは関連名のみ示し、逆向きの関連名は省略している。逆向きの関連名を含めて、すべての関連の詳細な定義は項目4.3.3の表4.7（関連）に示してある。

表 4.6 関連の階層

トップレベル	第2レベル	
LRM-R1	res －結びつけられる（is associated with）→ res （resはresに結びつけられる）	
--	LRM-R2	著作 －実現される（is realized through）→ 表現形 （著作は表現形を通して実現される）
--	LRM-R3	表現形 －具体化される（is embodied in）→ 体現形 （表現形は体現形において具体化される）
--	LRM-R4	体現形 －例示される（is exemplified by）→ 個別資料 （体現形は個別資料によって例示される）
--	LRM-R5	著作 －創造された（was created by）→ 行為主体 （著作は行為主体によって創造された）
--	LRM-R6	表現形 －創造された（was created by）→ 行為主体 （表現形は行為主体によって創造された）
--	LRM-R7	体現形 －創造された（was created by）→ 行為主体 （体現形は行為主体によって創造された）
--	LRM-R8	体現形 －製作された（was manufactured by）→ 行為主体 （体現形は行為主体によって製作された）
--	LRM-R9	体現形 －頒布される（is distributed by）→ 行為主体 （体現形は行為主体によって頒布される）
--	LRM-R10	個別資料 －所有される（is owned by）→ 行為主体 （個別資料は行為主体によって所有される）
--	LRM-R11	個別資料 －改変された（was modified by）→ 行為主体 （個別資料は行為主体によって改変された）
--	LRM-R12	著作 －主題としてもつ（has as subject）→ res （著作はresを主題としてもつ）
--	LRM-R13	res －呼称をもつ（has appellation）→ nomen （resはnomenという呼称をもつ）
--	LRM-R14	行為主体 －割り当てた（assigned）→ nomen （行為主体はnomenを割り当てた）
--	LRM-R15	nomen －等価である（is equivalent to）→ nomen （nomenはnomenと等価である）
--	LRM-R16	nomen －部分をもつ（has part）→ nomen （nomenはnomenという部分をもつ）
--	LRM-R17	nomen －派生である（is derivation of）→ nomen （nomenはnomenの派生である）
--	LRM-R18	著作 －部分をもつ（has part）→ 著作 （著作は著作という部分をもつ）
--	LRM-R19	著作 －先行する（precedes）→ 著作 （著作は著作に先行する）

--	LRM-R20	著作 －付属する／追補する（accompanies / complements）→ 著作 （著作は著作に付属する／著作は著作を追補する）
--	LRM-R21	著作 －創造的刺激となる（is inspiration for）→ 著作 （著作は著作の創造的刺激となる）
--	LRM-R22	著作 －変形である（is a transformation of）→ 著作 （著作は著作の変形である）
--	LRM-R23	表現形 －部分をもつ（has part）→ 表現形 （表現形は表現形という部分をもつ）
--	LRM-R24	表現形 －派生である（is derivation of）→ 表現形 （表現形は表現形の派生である）
--	LRM-R25	表現形 －集められた（was aggregated by）→ 表現形 （表現形は表現形により集められた）
--	LRM-R26	体現形 －部分をもつ（has part）→ 体現形 （体現形は体現形という部分をもつ）
--	LRM-R27	体現形 －複製をもつ（has reproduction）→ 体現形 （体現形は体現形という複製をもつ）
--	LRM-R28	個別資料 －複製をもつ（has reproduction）→ 体現形 （個別資料は体現形という複製をもつ）
--	LRM-R29	体現形 －代替をもつ（has alternate）→ 体現形 （体現形は体現形という代替をもつ）
--	LRM-R30	行為主体 －メンバーである（is member of）→ 集合的行為主体 （行為主体は集合的行為主体のメンバーである）
--	LRM-R31	集合的行為主体 －部分をもつ（has part）→ 集合的行為主体 （集合的行為主体は集合的行為主体という部分をもつ）
--	LRM-R32	集合的行為主体 －先行する（precedes）→ 集合的行為主体 （集合的行為主体は集合的行為主体に先行する）
--	LRM-R33	res －結びつきをもつ（has association with）→ 場所 （resは場所と結びつきをもつ）
--	LRM-R34	場所 －部分をもつ（has part）→ 場所 （場所は場所という部分をもつ）
--	LRM-R35	res －結びつきをもつ（has association with）→ 時間間隔 （resは時間間隔と結びつきをもつ）
--	LRM-R36	時間間隔 －部分をもつ（has part）→ 時間間隔 （時間間隔は時間間隔という部分をもつ）

4.3.3 関連の詳細定義

LRMモデルが定義した関連は、下記の表4.7に記されている。関連はLRM-R1からLRM-R36まで、番号づけがなされている。逆向きの（相補的な）関連は、元になる関連の番号の末尾に「i」を付加して参照できるようにしている。

個々の関連について、表の先頭行の各列は、番号、関連の定義域（関連元）となる実体、関連の名称、逆向きの（または相補的な）関連の名称、関連の値域（関連先）となる実体、そして基数（カーディナリティ）を表している。関連の定義、スコープ・ノート、その関連のインスタンスの事例が、表のそれに続く行に示されている。

逆向きの関連については、表の**値域**の列に示した実体が定義域となり、かつ**定義域**の列に示した実体が値域となり、そして元の関連の逆の名称が用いられる。例えば、表の二番目に示した関連は、下記のように読む。
　　（LRM-R2）　*著作*は*表現形*を通して「実現される」
　　（LRM-R2i）　*表現形*は*著作*を「実現する」（逆向きの読み方）

同一実体が定義域と値域であるときには関連は**再帰的**（recursive）であり、関連名と逆関連名が同一であるときには**対称的**（symmetric）とよばれる。最上位の関連（**res** は **res** に「結びつけられる」）に加えて、nomen の等価関連（**nomen** は **nomen** と「等価である」）や、体現形の代替関連（**体現形**は**体現形**という「代替をもつ」）は、いずれも再帰的かつ対称的である。関連「部分をもつ／部分である」は、再帰的ではあるが対称的ではない。

状態または現在進行中の活動を表す関連は、現在形による名称（「結びつけられる」、「メンバーである」、「主題である」のような）としている。それに対して、過去の時点において論理的に完了した行為を表す関連は、過去形による名称（「創造された」、「創造した」、「割り当てられた」のような）としている。

基数は、特定の関連によって結びつけられる定義域と値域の実体のインスタンス数を指定している。例えば、関連「実現される」に対する基数「一対多」は、個々の**著作**はそれを実現する単一または複数の**表現形**をもち、一方、個々の**表現形**は単一の**著作**のみを実現することを意味している。同様に、関連「例示される」は、個々の**個別資料**は単一**体現形**の例示であり、一方、個々の**体現形**は単一または複数の**個別資料**によって例示される。また、例えば関連（**著作**は**行為主体**によって「創造された」）の基数「多対多」は、如何なる**行為主体**も複数の**著作**を創造し得ること、および**著作**は複数の**行為主体**による創造的な貢献の帰結であり得ることを意味している。

第4章 モデル定義

表 4.7 関連

ID	定義域	関連名	逆関連名	値域	基数
LRM-R1	res	結びつけられる (is associated with)	結びつけられる (is associated with)	res	多対多
定義	何らかの種類の結びつきをもつ、2つの **res** をリンクさせる関連				
スコープ・ノート	これは書誌的宇宙のすべての実体に対して当てはめることができる一般的な関連である。一般に特定の詳細化がなされ、より限定的な意味に定義される。				
例	<ul><li>トピックからトピックへ 例：{量子力学}は{熱力学}に結びつけられる</li><li>著作から著作へ 例：タイトルを *Through the Looking-Glass and What Alice Found There* という**著作**は、タイトルを *Alice's Adventures in Wonderland* という**著作**に結びつけられる</li><li>トピックから著作へ 例：Alice というキャラクターは、タイトルを *Alice's Adventures in Wonderland* という**著作**に結びつけられる</li><li>個人から集合的行為主体へ 例：Nathaniel Hawthorne は、Phi Beta Kappa Society に結びつけられる</li><li>個人から時間間隔へ 例：Emily Dickinson は、1830 年（生年）から 1886 年（没年）という時間間隔に結びつけられる</li></ul>				

ID	定義域	関連名	逆関連名	値域	基数
LRM-R2	著作	実現される (is realized through)	実現する (realizes)	表現形	一対多
定義	**著作**を同一の知的・芸術的内容を伝える**表現形**にリンクさせる関連				
スコープ・ノート	これは関連を通してモデルに反映される**著作**と**表現形**との間の論理的結合であり、個々の**表現形**によって実現された**著作**を識別する基礎として、また**著作**のすべての**表現形**がその**著作**にリンクすることを確実にするための基礎として役立つ。間接的には、**著作**とその**著作**の様々な**表現形**の間の関連は、**著作**の様々な**表現形**どうしの「兄弟（sibling）」関連を確定するのにも役立つ。				
例	<ul><li>*Eine kleine Nachtmusik* として知られる**著作**は、同著作の以下の諸版における楽譜を通して実現される。即ち、1989 年に Bärenreiter により出版された楽譜（ISBN 3-370-00301-5）、同年に VEB Deutscher Verlag für Musik により出版された楽譜（ISBN 3-370-00301-5）、および Breitkopf & Härtel により出版された楽譜（日付不明、プレート番号 4956）</li></ul>				

ID	定義域	関連名	逆関連名	値域	基数
LRM-R3	表現形	具体化される (is embodied in)	具体化する (embodies)	体現形	多対多
定義	**表現形**をその**表現形**が出現する**体現形**にリンクさせる関連				
スコープ・ノート	**体現形**は1つまたは複数の**表現形**を具体化し、また**表現形**は1つまたは複数の**体現形**において具体化される。この論理的結合は、個々の**体現形**において具				

4.3 関連

	体化された**著作**（または複数の**著作**群）の特定の**表現形**または複数の**表現形**群を識別する基礎として、また同一**表現形**のすべての**体現形**をその**表現形**にリンクさせることを確実にするための基礎として役立つ。
例	• Mozart の *Eine kleine Nachtmusik* を Hans Günter Heumann がピアノ用に編曲した楽譜は、Henry Lemoine による 1996 年の出版物で、プレート番号 26336HL に具体化される

ID	定義域	関連名	逆関連名	値域	基数
LRM-R4	体現形	例示される (is exemplified by)	例示する (exemplifies)	個別資料	一対多
定義	**体現形**をその**体現形**の特徴を反映した**個別資料**に結びつける関連					
スコープ・ノート	この論理的結合は、個々の**個別資料**によって例示されている**体現形**を識別する基礎として、また同一**体現形**のすべての**個別資料**がその**体現形**にリンクすることを確実にするための基礎として役立つ。間接的には、**体現形**とその**体現形**を例示する様々な**個別資料**との関連は、**体現形**の様々な**個別資料**どうしの「兄弟」関連を確定するのにも役立つ。					
例	• *Eine kleine Nachtmusik* として知られる**著作**の Mozart による自筆原稿のファクシミリを含む、1989 年の Bärenreiter による出版物は、フランス国立図書館の音楽部門によって所蔵されている例示（exemplar）で、書架番号 VMA-991(2,26) をもつものとして**例示される**					

ID	定義域	関連名	逆関連名	値域	基数
LRM-R5	著作	創造された (was created by)	創造した (created)	行為主体	多対多
定義	**著作**を、その知的・芸術的内容の創造に責任を有する**行為主体**にリンクさせる関連					
スコープ・ノート	**著作**とそれに関連する**行為主体**との論理的結合は、個々の**著作**に責任を有する**行為主体**を識別する基礎として、また特定の**行為主体**によるすべての**著作**がその**行為主体**にリンクすることを確実にするための基礎として役立つ。					
例	• *Hamlet* として知られる文芸**著作**は、William Shakespeare により**創造された** • *Communication breakdown* として知られる音楽**著作**は、Page、Jones と Bonham（音楽グループ Led Zeppelin のメンバー）により**創造された**					

ID	定義域	関連名	逆関連名	値域	基数
LRM-R6	表現形	創造された (was created by)	創造した (created)	行為主体	多対多
定義	**表現形**を、**著作**の実現に責任を有する**行為主体**にリンクさせる関連					
スコープ・ノート	この関連は、オリジナルの**表現形**の創造と、翻訳、改訂、上演などのそれに続く変形の双方に当てはまる。**著作**の知的・芸術的内容に責任のある**行為主体**は、抽象的実体としての**著作**の構想（conception）に責任をもつ。**著作**の**表現形**に責任のある**行為主体**は、**表現形**の知的・芸術的実現または実行にお					

第4章 モデル定義

	いて責任をもつ。**表現形**とそれに関連する**行為主体**との論理的結合は、個々の**表現形**に責任のある**行為主体**を識別する基礎として、また**行為主体**によって実現されたすべての**表現形**がその**行為主体**にリンクすることを確実にするための基礎として役立つ。
例	• Majda Stanovnikは、*Medved Pu*というタイトルをもつスロベニア語のテキストで、A. A. Milneの*Winnie the Pooh*のスロベニア語訳を**創造した** • Okko Kamu に指揮された Helsinki Philharmonic Orchestra は、Jean Sibelius の *Finlandia* Op. 26 の演奏である**表現形**で、ISRC FIFIN8800300 によって識別される録音として公刊されたものを**創造した** • Matthew Cameron は、Mozart の *Eine kleine Nachtmusik* のピアノ用編曲の楽譜で、2006 年に最初に出版され、Cyprien Katsaris によって最初に演奏されたものを**創造した** • 音楽グループ Led Zeppelin は、*Communication breakdown* として知られる音楽**著作**の演奏である**表現形**で、1969 年に彼ら自身の名称 Led Zeppelin というタイトルのアルバムとして Atlantic 社のレーベルでリリースされ、目録番号 588171 をもつものを**創造した**

ID	定義域	関連名	逆関連名	値域	基数
LRM-R7	体現形	創造された (was created by)	創造した (created)	行為主体	多対多
定義	**体現形**を、その**体現形**の創造に責任を有する**行為主体**にリンクさせる関連					
スコープ・ノート	**体現形**については、創造の観念は出版された**体現形**の出版プロセスを大まかには含んでいる。**体現形**とそれに関連する**行為主体**との論理的結合は、**体現形**の創造に責任を有する**行為主体**を識別する基礎として、また**行為主体**によって創造されたすべての**体現形**がその**行為主体**にリンクすることを確実にするための基礎として役立つ。				
例	• Brill は、*The thousand and one nights* として知られる文芸**著作**の、Muḥsin Mahdī による 2014 年出版の校訂版を**創造した** • Lindisfarne 修道院は、*Lindisfarne Gospels* の全体の内容とレイアウトを**創造した** • Streamline Records は、*Poker face: remixes* というタイトルの、Lady Gaga による録音資料の出版物（UPC 602517965393）を**創造した**				

ID	定義域	関連名	逆関連名	値域	基数
LRM-R8	体現形	製作された (was manufactured by)	製作した (manufactured)	行為主体	多対多
定義	**体現形**を、その**体現形**の**個別資料**の生産・制作・製作に責任を有する**行為主体**にリンクさせる関連					
スコープ・ノート	**体現形**は、工業的プロセスまたは職人的技法をもって、製作・制作されることがある。				
例	• *The Civil War in Pennsylvania* というタイトルをもつ、Historical Society of Western Pennsylvania の 2013 年の出版物は、Heeter (Canonsburg, Pa.)				

| | という名称の印刷会社により**製作された**
• Lindisfarne 修道院は、*Lindisfarne Gospels* として知られる写本を**製作した** |

ID	定義域	関連名	逆関連名	値域	基数
LRM-R9	体現形	頒布される (is distributed by)	頒布する (distributes)	行為主体	多対多
定義	**体現形**を、その**体現形**の**個別資料**を利用可能とすることに責任を有する**行為主体**にリンクさせる関連					
スコープ・ノート	**個別資料**は、物理的な**個別資料**の伝統的な頒布の過程を経て利用可能となるか、またはダウンロードやストリーミングなどが可能な電子的な**個別資料**とすることによって利用可能となる。					
例	• Zone Books (New York)により 2001 年に出版された Cai Hua の *A Society without Fathers or Husbands: the Na of China* は、MIT Press (Cambridge, Mass.)により**頒布される** • Canadian Broadcasting Corporation (CBC)は、ラジオショー*Podcast playlist* のエピソードを、http://www.cbc.ca/radio/podcasts/podcast-playlist/ からダウンロードできるファイル、または http://www.cbc.ca/radio/podcastplaylist からストリーミング視聴できるファイルを通して**頒布する**					

ID	定義域	関連名	逆関連名	値域	基数
LRM-R10	個別資料	所有される (is owned by)	所有する (owns)	行為主体	多対多
定義	**個別資料**を、その**個別資料**の所有者または保管者である（またはあった）**行為主体**にリンクさせる関連					
スコープ・ノート	**個別資料**とそれに関連する**行為主体**との論理的結合は、**個別資料**を所有または保管していた**行為主体**を識別する基礎として、また特定の**行為主体**によって所有または保管されているすべての**個別資料**がその**行為主体**にリンクすることを確実にするための基礎として役立つ。					
例	• Bärenreiter による 1989 年の出版物の例示で書架番号 VMA-991(2,26)をもつもの（*Eine kleine Nachtmusik* として知られる**著作**の Mozart による自筆原稿のファクシミリを含む出版物）は、フランス国立図書館音楽部門により**所有される** • Jean-Jacques Rousseau の *Le devin du village* の、Le Clerc による 1765 年の出版物の例示 VM2-457 は、Marie-Antoinette により**所有される** • フランス国立図書館は、Richard Memeteau による電子書籍 *Pop Culture* のデジタル版**個別資料**を**所有する**。これは、2014 年に Zones によって出版され、EPUB2 フォーマットで Editis によって頒布され、ISBN 978-2-35522-085-2 をもつ。また、2016 年 2 月 1 日にデジタル納本制度を通して受け付けられたもので、納本制度による登録番号 DLN-20160201-6 が付与されている。この**個別資料**は、同図書館の目録では固有の番号 LNUM20553886 をもって識別されている					

第4章　モデル定義

ID	定義域	関連名	逆関連名	値域	基数
LRM-R11	個別資料	改変された (was modified by)	改変した (modified)	行為主体	多対多
定義	個別資料を、新たな**体現形**の創造とはならない変更をその**個別資料**に加えた**行為主体**にリンクさせる関連					
スコープ・ノート	具体例には、注の追加、蔵書票の貼付、ページの削除、再製本、修復が含まれる。					
例	• Jean-Paul Sartre による *La nausée* の自筆原稿は、製本者 Monique Mathieu により**改変された**					

ID	定義域	関連名	逆関連名	値域	基数
LRM-R12	著作	主題としてもつ (has as subject)	主題である (is subject of)	res	多対多
定義	著作をそのトピックにリンクさせる関連					
スコープ・ノート	著作とそれに関連する主題実体（subject entity）との論理的結合は、個々の著作の主題を識別する基礎として、また特定主題に関連を有するすべての著作がその主題にリンクすることを確実にするための基礎として役立つ。					
例	• {ブラックホール}は、Stephen Hawking の *A Brief history of time* の主題である • Anne Hart の *The life and times of Miss Jane Marple* は、{Agatha Christie の多数の小説や物語に登場するキャラクターである Miss Jane Marple}を**主題としてもつ**［この著作は文芸批評］					

ID	定義域	関連名	逆関連名	値域	基数
LRM-R13	res	呼称をもつ (has appellation)	呼称である (is appellation of)	nomen	一対多
定義	ある実体を、特定のスキームまたは文脈の範囲内で、その実体がそれによって参照される記号または記号やシンボルの組み合わせにリンクさせる関連					
スコープ・ノート	あるものとそれを指し示す名称（designation）との結びつきとしての **nomen** の定義が帰結するところは、個々の **nomen** は特定のスキーム内で単一の **res** に結びつけられるということである（このスキームは共有の典拠ファイルを介して特定のローカル・システムから自然言語へと拡張できる）。このような呼称関連（appellation relationship）がもたらす基数は、単一の **res** は多数の **nomen** をもつ場合があるが、個々の **nomen** は単一の **res** の呼称である。**nomen** の2つのインスタンスが **nomen** 文字列という属性において同一の値を取り得るという事実は、この基数を修正することにならないし、またここでのスキームが自然言語であっても、そのような **nomen** のインスタンスは実際には1つであり、かつ複数の **res** のインスタンスと結びつけられる同一の **nomen** のインスタンスであることを意味しない。**nomen** 文字列"Gift"は、それが英語における **nomen** に対する **nomen** 文字列の値であるか、ドイツ語における **nomen** に対する **nomen** 文字列の値であるかによって、贈り物または毒物のいずれかを指すものとして用いられる。これらの **nomen** 文字列の値は同一に見えるが、					

	res の 2 つの異なるインスタンスに対する nomen の 2 つの異なるインスタンスである。 理論的には、nomen（res のサブクラス）の 1 つのインスタンスは、呼称関連を介して nomen の他のインスタンスに結びつけられるが（結果として他の nomen に対する nomen となる）、実際には、一般的な場合については実装上、そのような扱いはされない。構造的には、nomen のインスタンスが内部的な識別子（かつ特定タイプの nomen）として割り当てられるシステム実装において、この関連はシステム設計では暗示的である。このような場面の具体例は、URI（nomen）を他のタイプの nomen のインスタンスに割り当てるリンクト・データの実装において見られる。
例	• {Ashtadhyayi として知られるサンスクリット語の初期文法の 1 つの著者}は、'Pāṇini'という呼称をもつ • {無限の概念}は、'∞'という呼称をもつ • {ブラックホール}は、'trous noirs'という呼称をもつ • {ブラックホール}は、'črne luknje'という呼称をもつ • {ブラックホール}は、'黑洞'という呼称をもつ • {International Federation of Library Associations and Institutions}は、'IFLA'という呼称をもつ [IFLA nomen1] • {International Federation of Landscape Architects}は、'IFLA'という呼称をもつ [IFLA nomen2；IFLA nomen1 とは異なる nomen のインスタンス]

ID	定義域	関連名	逆関連名	値域	基数
LRM-R14	行為主体	割り当てた (assigned)	割り当てられた (was assigned by)	nomen	一対多
定義	行為主体を、その行為主体によって割り当てられた特定の nomen にリンクさせる関連					
スコープ・ノート	書誌的な文脈においては、nomen の割り当ては、主題語（subject term）、統制形アクセス・ポイント、識別子などの生成に適用される。					
例	• ISBN agency は、Stephen Hawking による 1998 年の出版物 *A Brief history of time* に対して、'0-553-10953-7'を割り当てた • 請求記号'QB981 .H377 1998'は、米国議会図書館によって、Stephen Hawking の 1998 年の出版物 *A Brief history of time* に対して割り当てられた • 名辞'proton'は、Ernest Rutherford によって、1920 年に水素原子核に対して割り当てられた					

ID	定義域	関連名	逆関連名	値域	基数
LRM-R15	nomen	等価である (is equivalent to)	等価である (is equivalent to)	nomen	多対多
定義	同一 res の呼称である 2 つの nomen どうしの関連					

第4章　モデル定義

スコープ・ノート	この関連は、下記の展開されたパスのショートカットである。 *nomen1* は *res* の呼称である（NOMEN1 *is appellation of* RES） 　　　　　　　　　＋ *res* は、*nomen2* という呼称をもつ（RES *has appellation* NOMEN2） この関連によって関連づけられた **nomen** は、意味上では等しい（同一 **res** に割り当てられている）が、記録されている属性においてはそれぞれ独自の値をとっており、その使用にかかわる限りにおいて相互に互換的ではない。等価の **nomen** は、スキーム、言語、または使用の文脈などの属性において異なる値となる場合がある。 この等価関連は **nomen** のインスタンスを関連づけるのであって、これら **nomen** の属性 **nomen** 文字列の値を関連づけるのではない。それゆえ直感に反するように思われるかもしれないが、異なる **res** を指す2つの **nomen** は、たとえ同一リテラル文字列として記録されていても、等価ではない。
例	・ 'USA'は'United States of America'と等価である ・ 'Анна Павловна (Матвеевна) Павлова'は、'Anna Pavlovna (Matveyevna) Pavlova'と等価である ・ 'Bill Clinton'は、'William Jefferson Clinton'と等価である ・ 'Norma Jeane Mortenson'は、'Marilyn Monroe'と等価である［個人に対する **nomen** として］ ・ 'τὰ βιβλία'は、'The Bible'と等価である ・ 'Schubert, Franz, 1797-1828. Sonatas, piano, D. 959, A major'は、'Schubert, Franz, 1797-1828. Sonates. Piano. D 959. La majeur'と等価である［英語圏の目録作成機関におけるRDAに依拠した優先標目は、フランス語圏の目録作成機関において確立された優先標目と同一音楽**著作**を表している］ ・ 'Santa Claus'は、'Saint Nick'と等価である ・ 'Music'は、'780'と等価である［分類番号'780'は、「米国議会図書館件名標目表」で割り当てられた名辞'Music'と同一概念を表す、「デューイ十進分類法」における有効な番号である］ ・ 'Christie, Agatha, 1890-1976'は、'0000 0001 2102 2127'と等価である［公開アイデンティティ{Agatha Christie}のISNIは、公開アイデンティティ{Mary Westmacott}とは異なる］ ・ 'International Federation of Library Associations and Institutions'は、'IFLA'と等価である［IFLA nomen1］ ・ 'International Federation of Landscape Architects'は、'IFLA'と等価である［IFLA nomen2；IFLA nomen1 とは **nomen** という実体の異なるインスタンス。IFLA nomen2 は IFLA nomen1 とは等価ではない］

ID	定義域	関連名	逆関連名	値域	基数
LRM-R16	nomen	部分をもつ (has part)	部分である (is part of)	nomen	多対多

4.3 関連

定義	ある **nomen** がその構成要素として他の **nomen** を用いて構成されていることを表す関連
スコープ・ノート	**nomen** の全体・部分関連は、既存の **nomen** を用いて構成されている **nomen** の構成要素の属性を扱う上で重要である。そのような属性として**言語**は、複合的な **nomen** の部分どうしにおいて異なることがある。
例	• 'Shakespeare'は、'William Shakespeare'の部分である • 'Measles'は、'Measles/epidemiology'の部分である • 'Twelfth Night, or What You Will'は、'Twelfth Night'という部分をもつ • 'Schubert, Franz, 1797-1828. Sonatas, piano, D. 959, A major'は、'Schubert, Franz, 1797-1828'という部分をもつ • 'Italy. Ministero degli affari esteri'は、'Italy' という部分をもつ • '1830-1886'は、'Dickinson, Emily, 1830-1886'の部分である

ID	定義域	関連名	逆関連名	値域	基数
LRM-R17	nomen	派生である (is derivation of)	派生をもつ (has derivation)	nomen	多対一
定義	2つの **nomen** が同一 **res** の呼称であるとき、1つの **nomen** が他の **nomen** の基礎として用いられたことを表す関連					
スコープ・ノート	ある **nomen** は、採用した表記法（翻字法など）における変換規則に従って、または文化的・言語的慣習（頭字語形、短縮形または異形の生成）に従って、他のものから派生することがある。					
例	• 'USA'は'United States of America'の派生である • 'Анна Павловна (Матвеевна) Павлова'は、'Anna Pavlovna (Matveyevna) Pavlova'という派生をもつ • 'Bill Clinton'は、'William Jefferson Clinton'の派生である • 'Schubert, Franz, 1797-1828. Sonatas, piano, D. 959, A major'は、'Sonata in la maggiore op. postuma, D. 959'の派生である					

ID	定義域	関連名	逆関連名	値域	基数
LRM-R18	著作	部分をもつ (has part)	部分である (is part of)	著作	多対多
定義	一方の内容が他方の構成要素となる、2つの**著作**どうしの関連					
スコープ・ノート	この関連は、**表現形**や**体現形**が大きな**著作**の全体を構成するか、または単に1つもしくは複数の（しかし、すべてではない）構成**著作**を構成するかにかかわらず、構成要素・全体関連（component-to-whole relationship）が**著作**の本来的な側面であり、大きな**著作**とその構成**著作**のすべての**表現形**と**体現形**に保持される場合に当てはまる。具体例には、協奏曲の楽章、連詩内の詩、複数部分から成る小説、三部作などがある。					
例	• *A wizard of Earthsea* は、Ursula K. Le Guin による *Earthsea trilogy* の部分である • Richard Wagner の *Der Ring des Nibelungen* は、Richard Wagner の *Götterdämmerung* という部分をもつ					

第 4 章　モデル定義

ID	定義域	関連名	逆関連名	値域	基数
LRM-R19	著作	先行する (precedes)	後継する (succeeds)	著作	多対多
定義	第2の著作の内容が第1の著作の論理的継続である、2つの著作どうしの関連				
スコープ・ノート	この関連は思考の連続に関するものであり、個々の著作が創造された時期と混同すべきではない。 この関連は個々の著作の内容の論理的継続に関係しているので、時間の経過によって変形（主要タイトルの変更、メディア種別の変更などによる）しても、依然として形式または順序表示のスキームの継続性を維持する逐次刊行著作（serial work）には当てはまらない。集合化著作または逐次刊行著作とそれを改変して継続する他の著作との関連については、著作変形関連 LRM-R22を見よ。				
例	• Margaret Mitchell の Gone With the Wind は、Alexandra Ripley の Scarlett および Donald McCaig の Rhett Butler's People に先行する • Margaret Mitchell の Gone With the Wind は、Donald McCaig の Ruth's Journey に後継する • TV シリーズ Better Call Saul! は、TV シリーズ Breaking Bad に先行する • A wizard of Earthsea は The tombs of Atuan に先行し、The tombs of Atuan は The farthest shore に先行する。これらはすべて Ursula K. Le Guin による Earthsea trilogy に収載されている				

ID	定義域	関連名	逆関連名	値域	基数
LRM-R20	著作	付属する／追補する (accompanies /complements)	付属される／追補される (is accompanied / complemented by)	著作	多対多
定義	独立しているが、追補または付属として互いを結びつけて利用することもできる、2つの著作どうしの関連				
スコープ・ノート	2つの著作は互いに価値を付加していることがある（この場合の関連は対称的である）。その他の場合は、一方の著作が二次的と捉えられる。				
例	• Leigh Lowe の Prima Latina: an introduction to Christian Latin. Teacher manual は、Leigh Lowe の Prima Latina: an introduction to Christian Latin. Student book に付属する／追補する • Song of Songs に対する Eric Gill のイラスト集は、Cranach Press により 1931 年に出版された Song of Songs に付属する／追補する • Universal declaration of human rights への Wole Soyinka の序文は、African Book Builders により 1994 年に出版された Universal declaration of human rights に付属する／追補する • 定期刊行物 Applied economics quarterly. Supplement (ISSN 1612-2127) は、定期刊行物 Applied economics quarterly (ISSN 1611-6607) に付属する／追補する				

4.3 関連

ID	定義域	関連名	逆関連名	値域	基数
LRM-R21	著作	創造的刺激となる (is inspiration for)	創造的刺激を受ける (is inspired by)	著作	多対多
定義	第1の著作の内容が第2の著作の着想源となった、2つの著作どうしの関連					
スコープ・ノート						
例	・ミュージカル *West Side Story* は、戯曲 *Romeo and Juliet* から創造的刺激を受ける ・Viktor Hartmann による絵画 *Plan for a City Gate in Kiev* は、Modest Mussorgsky による楽曲 *Pictures at an Exhibition* の *The Great Gate of Kiev* の創造的刺激となる					

ID	定義域	関連名	逆関連名	値域	基数
LRM-R22	著作	変形である (is a transformation of)	変形された (was transformed into)	著作	多対一
定義	新たな著作が、以前の著作の範囲もしくは編集方針の変更(逐次刊行著作・集合化著作の場合)、ジャンルもしくは文学形式の変更(戯曲化、小説化)、対象利用者の変更(児童向け翻案)、または様式の変更(パラフレーズ、模造、パロディ)によって創造されたことを表す関連					
スコープ・ノート	いくつかの変形は、単に以前の著作から創造的刺激を受けているだけと捉えられることがある。					
例	・Charles and Mary Lamb の *Tales from Shakespeare* に含まれる Mary Lamb の *Cymbeline* は、William Shakespeare の *Cymbeline* の変形である ・Seth Grahame-Smith の *Pride and prejudice and zombies* は、Jane Austen の *Pride and prejudice* の変形である ・*Le Patriote de Saône-et-Loire* と題する定期刊行物(ISSN 1959-9935)は、1850年に検閲により出版禁止にされた後の、*Le Démocrate de Saône-et-Loire* と題する新たな定期刊行物(ISSN 1959-9943)に変形された[明確な置換] ・*Animal research* (ISSN 1627-3583)、*Animal science* (ISSN 1357-7298)、*Reproduction nutrition development* (ISSN 0926-5287)と題する別々の定期刊行物は、*Animal* と題する定期刊行物(ISSN 1751-7311)に変形された[合併]					

ID	定義域	関連名	逆関連名	値域	基数
LRM-R23	表現形	部分をもつ (has part)	部分である (is part of)	表現形	多対多
定義	一方が他方の構成要素となる、2つの表現形どうしの関連					
スコープ・ノート	この関連は、表現形や体現形が大きな著作の全体を構成するか、または単に1つもしくは複数の(しかし、すべてではない)構成著作を構成するかにかかわらず、構成要素・全体関連が著作の本来的な側面であり、大きな著作とその構成著作のすべての表現形と体現形に保持される場合に当てはまる。					

第4章　モデル定義

例	• Franz Schubert の *Ave Maria* Op. 52, No. 6 の楽譜は、Franz Schubert の *Sieben Gesänge aus Walter Scott's Fräulein vom See* Op. 52 の楽譜の**部分である** • Enrico de Negri により朗読された Dante Alighieri の *La divina commedia* の録音は、Enrico de Negri により朗読された Dante Alighieri の *La divina commedia, Inferno* の録音という**部分をもつ**

ID	定義域	関連名	逆関連名	値域	基数
LRM-R24	表現形	派生である (is derivation of)	派生をもつ (has derivation)	表現形	多対一
定義	同一**著作**の2つの**表現形**について、第2の**表現形**が他方のソースとして使用されたことを表す関連					
スコープ・ノート	多くの場合、正確なソース、例えば翻訳、改作、改訂、編曲の正確なソースは知られていない。もし知られているならば、それはエンドユーザにとって興味深い側面であることがある。派生の関連は、変形の性質についてより詳しい情報を提供するために詳細化されることがある。					
例	• "L'ange en décomposition"として出版された Yukio Mishima の「天人五衰」のフランス語訳は、"The decay of the angel"として出版された Yukio Mishima の「天人五衰」の英語訳の**派生である** • Herman Scherchen の指揮により Toronto Symphony Orchestra が演奏した Anton Bruckner の *Symphony No. 2 in C minor* の 1965 年の録音は、Anton Bruckner の *Symphony No. 2 in C minor* の特定の楽譜（Bruckner が校訂し Cyrill Hynais が監修した 1892 年版（Doblinger）に収載）の**派生である** • Chenelière éducation (Montréal, Québec)により *Soins infirmiers : pédiatrie* として出版された *Wong's essentials of pediatric nursing* のフランス語訳 ©2012 は、Mosby/Elsevier (St. Louis, Missouri)により出版された**体現形**内に現れている第 8 英語版 ©2009 の**派生である**					

ID	定義域	関連名	逆関連名	値域	基数
LRM-R25	表現形	集められた (was aggregated by)	集めた (aggregated)	表現形	多対多
定義	**著作**の特定の**表現形**が、集合化**表現形**のプランの一部として選ばれたことを示す関連					
スコープ・ノート	集合化**表現形**は、集合**体現形**においてともに具体化され得るものとして、別の**著作**の特定の**表現形**を複数選択する。ある**表現形**が複数の集合化**表現形**によって選ばれることもある。 これは、図5.7「集合体現形の汎用モデル」に描かれた関連のショートカットである。 *表現形1*は、**体現形**（集合）において**具体化される**（EXPRESSION1 *is embodied in* MANIFESTATION (aggregate)) 　　　　　　　　　　　　　　　　＋ *体現形*（集合）は、（集合化）**表現形**を**具体化する**（MANIFESTATION					

	(aggregate) *embodies* (aggregating) EXPRESSION) 表現形どうしの全体・部分関連とは異なり、集合体現形内にともに出現するように選択された個々の表現形は、その集合化表現形の構成要素にならない。その上、これらの表現形どうしの関連は、これらの表現形が実現する著作本来の特徴ではないので、それらの著作の他の表現形には当てはまらない。
例	• Edgar Allan Poe の"The fall of the House of Usher"の英語テキストは、V.S. Pritchett により選ばれて集合体現形"The Oxford book of short stories"を作り出した集合化表現形により集められた • モノグラフシリーズ"IFLA series on bibliographic control"を作り出している集合化表現形は、"ISBD：International standard bibliographic description"の統合版（2011年）の英語テキストを集めた • モノグラフシリーズ"Povremena izdanja Hrvatskoga knjižničarskog društva. Novi niz"を作り出している集合化表現形は、"ISBD：International standard bibliographic description"の統合版（2011年）の2014年クロアチア語テキストを集めた

ID	定義域	関連名	逆関連名	値域	基数
LRM-R26	体現形	部分をもつ (has part)	部分である (is part of)	体現形	多対多
定義	一方が他方の構成要素である、2つの体現形どうしの関連				
スコープ・ノート	体現形の構成要素は、体現形がそれによって発行されることを意図されているキャリアについての物理的な理由に基づく場合もある（例えば、録音が長すぎて1枚のディスクに収まらず、2枚組のボックスセットで発行される場合など）。別のキャリア上の代替体現形は、同一の構成要素とならないことがある。 しかしながら、構成要素・全体関連が著作の本来的な側面である場合、この関連は、表現形や体現形が大きな著作の全体を構成するか、または単に1つもしくは複数の（しかし、すべてではない）構成著作を構成するかにかかわらず、より大きな著作とその構成著作のすべての表現形と体現形に保持される。				
例	• Milena Minkova ほかによる *Latin for the new millennium* の、Bolchazy-Carducci Publishers の出版物は、Milena Minkova ほかによる *Latin for the new millennium* の、Bolchazy-Carducci Publishers の出版物、第5巻 "Level 2: Student text" (ISBN 978-0-86516-563-2)という部分をもつ				

ID	定義域	関連名	逆関連名	値域	基数
LRM-R27	体現形	複製をもつ (has reproduction)	複製である (is reproduction of)	体現形	一対多
定義	以前の体現形が、復刻、複製、リプリントや再発行のような後続の体現形の創造にとってソースとなっていて、その結果エンドユーザに全く同じ内容を提供する2つの体現形どうしの関連				

スコープ・ノート	一般にリプリントや再発行に関して、ソースとなる**体現形**の特定の**個別資料**が、複製のソースとして選び出されることはない。また、これらの場合において、特定の**個別資料**が複製のソースとして使用されたかもしれないが、この**個別資料**はソースとなる**体現形**を代表しているとみるべきである。複製のプロセスは、たとえその**体現形**から単一の**個別資料**だけが製作された場合でさえ、常に新たな**体現形**をもたらす。
例	• Daniel Wilson の *Caliban: the missing link* の、Macmillan による 1873 年の出版物は、Daniel Wilson の *Caliban: the missing link* の、Cambridge University press による復刻版としての 2014 年の出版物という**複製**をもつ • シリーズ *Points. Science* (ISBN 978-2-02-096760-0) の第 179 巻として、Éditions du Seuil により出版された、Hubert Reeve の *Malicorne: réflexions d'un observateur de la nature* の、2007 年のリプリント版は、シリーズ *Science ouverte* (ISBN 2-02-012644-3) の中で、Éditions du Seuil により出版された、Hubert Reeve の *Malicorne: réflexions d'un observateur de la nature* の 1990 年版の**複製**である • シリーズ *Science ouverte* (ISBN 2-02-012644-3) の中で、Éditions du Seuil により出版された、Hubert Reeve の *Malicorne: réflexions d'un observateur de la nature* の 1990 年版は、France loisirs により出版された 1991 年版（ISBN 2-7242-6486-X）という**複製**をもつ

ID	定義域	関連名	逆関連名	値域	基数
LRM-R28	個別資料	複製をもつ (has reproduction)	複製である (is reproduction of)	体現形	一対多
定義	**個別資料**が後続の**体現形**の創造にとってソースとなっていて、その結果エンドユーザに全く同じ内容を提供する1つの**体現形**の**個別資料**ともう1つの**体現形**との関連				
スコープ・ノート	この場合、複製のソースとして使用された特定の**個別資料**は、その出所によって、または注釈や蔵書印のような**個別資料**特有の特徴のために重要である。複製の過程は、たとえその**体現形**から単一の**個別資料**だけが製作された場合でさえ、常に新たな**体現形**をもたらす。				
例	• Harry Partch の *Two studies on ancient Greek scales* の、Schott による 2015 年の出版物は、Harry Partch の *Two studies on ancient Greek scales* の自筆原稿の**複製**である • 当初 1913 年にモントリオールで出版された、Canadian Pacific Railway の *1913 settlers' guide : information concerning Manitoba, Saskatchewan and Alberta* は、Canadian Institute for Historical Microreproductions により、Glenbow Museum Library, Calgary が所蔵する原出版物 1 部から撮影され 2000 年に発行されたマイクロフィッシュという**複製**をもつ				

ID	定義域	関連名	逆関連名	値域	基数
LRM-R29	体現形	代替をもつ (has alternate)	代替をもつ (has alternate)	体現形	多対多
定義	相互に効果的に代替の役割を果たす**体現形**どうしの関連				

スコープ・ノート	典型例は、出版物、録音資料、ビデオ資料などが複数の形態で発行される場合や、異なる国の異なる出版者から同時にリリースされる場合である。
例	• パンク・ロック・バンドSoviettesのアルバム・タイトル"LP III"のLPリリースは、パンク・ロック・バンドSoviettesのアルバム・タイトル"LP III"のCDリリースという**代替をもつ** • William Collins & Sonsにより1931年にイギリスで出版されたAgatha Christieの *The Sittaford Mystery* は、*The Murder at Hazelmoor* としてDodd, Mead & Co.により同時出版された米国版という**代替をもつ**

ID	定義域	関連名	逆関連名	値域	基数
LRM-R30	行為主体	メンバーである (is member of)	メンバーをもつ (has member)	集合的行為主体	多対多
定義	**行為主体**とその**行為主体**がメンバーとして加わった**集合的行為主体**との関連					
スコープ・ノート	**個人**は、明示的に組織または協会に加わることがある。また、**個人**は、出生、養子縁組、結婚などによって、暗示的に家族のメンバーとなることがある。 **集合的行為主体**は、他の**集合的行為主体**のメンバーとして加わることがある。					
例	• King of England Henry VIII は、House of Tudor のメンバーである • Pearl Buck は、Phi Beta Kappa のメンバーである • IFLA は、中国国家図書館というメンバーをもつ • カナダの歴代首相は、Pierre Elliot Trudeau というメンバーをもつ					

ID	定義域	関連名	逆関連名	値域	基数
LRM-R31	集合的行為主体	部分をもつ (has part)	部分である (is part of)	集合的行為主体	多対多
定義	一方が他方の構成要素である、2つの**集合的行為主体**どうしの関連					
スコープ・ノート						
例	• IFLA 目録分科会は、IFLA の部分である					

ID	定義域	関連名	逆関連名	値域	基数
LRM-R32	集合的行為主体	先行する (precedes)	後継する (succeeds)	集合的行為主体	多対多
定義	第1の**集合的行為主体**が第2の**集合的行為主体**に改変された、2つの**集合的行為主体**どうしの関連					
スコープ・ノート	この関連の単一のインスタンスは、単一の**集合的行為主体**の単一の後継への単純な改変を記録することができる。一方、この関連の複数のインスタンスは、**集合的行為主体**の間に（between and among）生じ得る、より複雑な合併や分離を記録するために組み合わせて使用することができる。					
例	• カナダ国立図書館は、カナダ国立図書館・文書館に先行する • カナダ国立文書館は、カナダ国立図書館・文書館に先行する					

第4章 モデル定義

ID	定義域	関連名	逆関連名	値域	基数
LRM-R33	res	結びつきをもつ (has association with)	結びつけられる (is associated with)	場所	多対多
定義	任意の実体と空間の一定の範囲をリンクさせる関連					
スコープ・ノート	ほとんどの実装において、この関連は、結びつきの正確な性質を反映するために詳細化される。例えば、**著作の構想または創造の場所**、**表現形の創造の場所**（例：演奏場所）、出版または製作の**場所**、**個別資料の現在または以前の所在地**、**行為主体の所在地**など。					
例	• Emily Dickinson は、Amherst, Mass.[彼女が生まれた町]と**結びつきをもつ** • Zone Books は、New York City[この出版者が所在する都市]と**結びつきをもつ** • *Gone With the Wind* は、Atlanta, Georgia[物語の設定を提供する都市]と**結びつきをもつ**					

ID	定義域	関連名	逆関連名	値域	基数
LRM-R34	場所	部分をもつ (has part)	部分である (is part of)	場所	多対多
定義	一方が他方の構成要素である、2つの**場所**どうしの関連					
スコープ・ノート						
例	• カリフォルニア州は、アメリカ合衆国の**部分である** • ドロミーティ山塊は、アルプス山脈の**部分である**					

ID	定義域	関連名	逆関連名	値域	基数
LRM-R35	res	結びつきをもつ (has association with)	結びつけられる (is associated with)	時間間隔	多対多
定義	任意の実体と時間の範囲をリンクさせる関連					
スコープ・ノート	ほとんどの実装において、この関連は、結びつきの正確な性質を反映するために詳細化される。例えば、**著作の構想または創造の時期**、**表現形の創造の時期**（例：演奏の日付・時間）、出版または製作の時期、**個別資料の所有期間**、**個人の生年月日**、特定の**res**に対する**nomen**の有効期間など。					
例	• Stephen Hawking の *A Brief history of time* の 1998 年の出版物は、1998 年と**結びつきをもつ** • Phi Beta Kappa Society は、1776 年 12 月 5 日（設立された日付）と**結びつきをもつ** • 名辞'Happenings (Art)'は、対応する典拠レコードの更新により、名辞'Happening (Art)'に代わって、この名辞が LCSH の有効な標目となった時期の日付・時刻 20151205060018.0 と**結びつきをもつ** • Emily Dickinsonは、1830年から1886年という**時間間隔**と**結びつきをもつ** • 1969年10月10日のパリのオリンピア劇場での、Led Zeppelinによる*Communication Breakdown*の生演奏の録音は、1969年10月10日という**時間間隔**と**結びつきをもつ**					

ID	定義域	関連名	逆関連名	値域	基数
LRM-R36	時間間隔	部分をもつ (has part)	部分である (is part of)	時間間隔	多対多
定義	一方が他方の構成要素である、2つの**時間間隔**どうしの関連				
スコープ・ノート					
例	• 1930年代は20世紀の**部分**である				

4.3.4 定義域順の関連

下記の表4.8は、項目4.3.3の表4.7（関連）において定義された関連を、それらの定義域の実体に基づいて排列している。すべての関連は、対称的ではない関連における逆向きの関連を含めて、表4.8に記載されている。逆向きの関連は、関連のID番号の末尾に「i」を付けている。表に記載された個々の関連ごとに、関連名、逆関連名、定義域と値域となる実体とその対応するIDを、単一行に示している。

表4.8では、関連はその定義域として機能する実体に基づいて排列してある。実体は列**定義域ID**を用いて、項目4.1.3の表4.2（実体）において記載した順序に従い排列してある。定義域が同じ実体の場合には、関連名のアルファベット順に排列してある（訳注：翻訳では訳語の五十音順に排列）。同一実体を定義域とする複数の関連が同一関連名であるときには、さらに関連の値域である実体の順に**値域ID**という列を用いて排列している。

表4.8　定義域となる実体ごとの関連

関連ID	定義域ID	定義域	関連名	逆関連名	値域ID	値域
LRM-R13	LRM-E1	res	呼称をもつ (has appellation)	呼称である (is appellation of)	LRM-E9	nomen
LRM-R12i	LRM-E1	res	主題である (is subject of)	主題としてもつ (has as subject)	LRM-E2	著作
LRM-R33	LRM-E1	res	結びつきをもつ (has association with)	結びつけられる (is associated with)	LRM-E10	場所
LRM-R35	LRM-E1	res	結びつきをもつ (has association with)	結びつけられる (is associated with)	LRM-E11	時間間隔
LRM-R1	LRM-E1	res	結びつけられる (is associated with)	結びつけられる (is associated with)	LRM-E1	res
LRM-R19i	LRM-E2	著作	後継である (succeeds)	先行する (precedes)	LRM-E2	著作

LRM-R2	LRM-E2	著作	実現される (is realized through)	実現する (realizes)	LRM-E3	表現形
LRM-R12	LRM-E2	著作	主題としてもつ (has as subject)	主題である (is subject of)	LRM-E1	res
LRM-R19	LRM-E2	著作	先行する (precedes)	後継である (succeeds)	LRM-E2	著作
LRM-R5	LRM-E2	著作	創造された (was created by)	創造した (created)	LRM-E6	行為主体
LRM-R21	LRM-E2	著作	創造的刺激となる (is inspiration for)	創造的刺激を受ける (is inspired by)	LRM-E2	著作
LRM-R21i	LRM-E2	著作	創造的刺激を受ける (is inspired by)	創造的刺激となる (is inspiration for)	LRM-E2	著作
LRM-R20i	LRM-E2	著作	付属がある／追補がある (is accompanied / complemented by)	付属する／追補する (accompanies / complements)	LRM-E2	著作
LRM-R20	LRM-E2	著作	付属する／追補する (accompanies / complements)	付属がある／追補がある (is accompanied / complemented by)	LRM-E2	著作
LRM-R18i	LRM-E2	著作	部分である (is part of)	部分をもつ (has part)	LRM-E2	著作
LRM-R18	LRM-E2	著作	部分をもつ (has part)	部分である (is part of)	LRM-E2	著作
LRM-R22i	LRM-E2	著作	変形された (was transformed into)	変形である (is a transformation of)	LRM-E2	著作
LRM-R22	LRM-E2	著作	変形である (is a transformation of)	変形された (was transformed into)	LRM-E2	著作
LRM-R25i	LRM-E3	表現形	集めた (aggregated)	集められた (was aggregated by)	LRM-E3	表現形
LRM-R25	LRM-E3	表現形	集められた (was aggregated by)	集めた (aggregated)	LRM-E3	表現形
LRM-R3	LRM-E3	表現形	具体化される (is embodied in)	具体化する (embodies)	LRM-E4	体現形
LRM-R2i	LRM-E3	表現形	実現する (realizes)	実現される (is realized through)	LRM-E2	著作
LRM-R6	LRM-E3	表現形	創造された (was created by)	創造した (created)	LRM-E6	行為主体
LRM-R24	LRM-E3	表現形	派生である (is derivation of)	派生をもつ (has derivation)	LRM-E3	表現形

4.3 関連

LRM-R24i	LRM-E3	表現形	派生をもつ (has derivation)	派生である (is derivation of)	LRM-E3	表現形
LRM-R23i	LRM-E3	表現形	部分である (is part of)	部分をもつ (has part)	LRM-E3	表現形
LRM-R23	LRM-E3	表現形	部分をもつ (has part)	部分である (is part of)	LRM-E3	表現形
LRM-R3i	LRM-E4	体現形	具体化する (embodies)	具体化される (is embodied in)	LRM-E3	表現形
LRM-R8	LRM-E4	体現形	製作された (was manufactured by)	製作した (manufactured)	LRM-E6	行為主体
LRM-R7	LRM-E4	体現形	創造された (was created by)	創造した (created)	LRM-E6	行為主体
LRM-R29	LRM-E4	体現形	代替をもつ (has alternate)	代替をもつ (has alternate)	LRM-E4	体現形
LRM-R9	LRM-E4	体現形	頒布される (is distributed by)	頒布する (distributes)	LRM-E6	行為主体
LRM-R27i	LRM-E4	体現形	複製である (is reproduction of)	複製をもつ (has reproduction)	LRM-E4	体現形
LRM-R28i	LRM-E4	体現形	複製である (is reproduction of)	複製をもつ (has reproduction)	LRM-E5	個別資料
LRM-R27	LRM-E4	体現形	複製をもつ (has reproduction)	複製である (is reproduction of)	LRM-E4	体現形
LRM-R26i	LRM-E4	体現形	部分である (is part of)	部分をもつ (has part)	LRM-E4	体現形
LRM-R26	LRM-E4	体現形	部分をもつ (has part)	部分である (is part of)	LRM-E4	体現形
LRM-R4	LRM-E4	体現形	例示される (is exemplified by)	例示する (exemplifies)	LRM-E5	個別資料
LRM-R11	LRM-E5	個別資料	改変された (was modified by)	改変した (modified)	LRM-E6	行為主体
LRM-R10	LRM-E5	個別資料	所有される (is owned by)	所有する (owns)	LRM-E6	行為主体
LRM-R28	LRM-E5	個別資料	複製をもつ (has reproduction)	複製である (is reproduction of)	LRM-E4	体現形
LRM-R4i	LRM-E5	個別資料	例示する (exemplifies)	例示される (is exemplified by)	LRM-E4	体現形
LRM-R11i	LRM-E6	行為主体	改変した (modified)	改変された (was modified by)	LRM-E5	個別資料

LRM-R10i	LRM-E6	行為主体	所有する (owns)	所有される (is owned by)	LRM-E5	個別資料
LRM-R8i	LRM-E6	行為主体	製作した (manufactured)	製作された (was manufactured by)	LRM-E4	体現形
LRM-R5i	LRM-E6	行為主体	創造した (created)	創造された (was created by)	LRM-E2	著作
LRM-R6i	LRM-E6	行為主体	創造した (created)	創造された (was created by)	LRM-E3	表現形
LRM-R7i	LRM-E6	行為主体	創造した (created)	創造された (was created by)	LRM-E4	体現形
LRM-R9i	LRM-E6	行為主体	頒布する (distributes)	頒布される (is distributed by)	LRM-E4	体現形
LRM-R30	LRM-E6	行為主体	メンバーである (is member of)	メンバーをもつ (has member)	LRM-E8	集合的行為主体
LRM-R14	LRM-E6	行為主体	割り当てた (assigned)	割り当てられた (was assigned by)	LRM-E9	nomen
LRM-R32i	LRM-E8	集合的行為主体	後継である (succeeds)	先行する (precedes)	LRM-E8	集合的行為主体
LRM-R32	LRM-E8	集合的行為主体	先行する (precedes)	後継である (succeeds)	LRM-E8	集合的行為主体
LRM-R31i	LRM-E8	集合的行為主体	部分である (is part of)	部分をもつ (has part)	LRM-E8	集合的行為主体
LRM-R31	LRM-E8	集合的行為主体	部分をもつ (has part)	部分である (is part of)	LRM-E8	集合的行為主体
LRM-R30i	LRM-E8	集合的行為主体	メンバーをもつ (has member)	メンバーである (is member of)	LRM-E6	行為主体
LRM-R13i	LRM-E9	nomen	呼称である (is appellation of)	呼称をもつ (has appellation)	LRM-E1	res
LRM-R15	LRM-E9	nomen	等価である (is equivalent to)	等価である (is equivalent to)	LRM-E9	nomen
LRM-R17	LRM-E9	nomen	派生である (is derivation of)	派生をもつ (has derivation)	LRM-E9	nomen
LRM-R17i	LRM-E9	nomen	派生をもつ (has derivation)	派生である (is derivation of)	LRM-E9	nomen
LRM-R16i	LRM-E9	nomen	部分である (is part of)	部分をもつ (has part)	LRM-E9	nomen
LRM-R16	LRM-E9	nomen	部分をもつ (has part)	部分である (is part of)	LRM-E9	nomen
LRM-R14i	LRM-E9	nomen	割り当てられた (was assigned by)	割り当てた (assigned)	LRM-E6	行為主体
LRM-R34i	LRM-E10	場所	部分である (is part of)	部分をもつ (has part)	LRM-E10	場所

LRM-R34	LRM-E10	場所	部分をもつ (has part)	部分である (is part of)	LRM-E10	場所
LRM-R33i	LRM-E10	場所	結びつけられる (is associated with)	結びつきをもつ (has association with)	LRM-E1	res
LRM-R36i	LRM-E11	時間間隔	部分である (is part of)	部分をもつ (has part)	LRM-E11	時間間隔
LRM-R36	LRM-E11	時間間隔	部分をもつ (has part)	部分である (is part of)	LRM-E11	時間間隔
LRM-R35i	LRM-E11	時間間隔	結びつけられる (is associated with)	結びつきをもつ (has association with)	LRM-E1	res

第 5 章　モデルの概観

5.1　実体関連図

実体とそれらの間の重要な関連は、一連の実体関連図に要約することができる。属性はそれぞれ対応する実体と結びつく特性に過ぎないので、これらの図には掲載していない。

実体関連図で使用される作図規則
- 長方形は個々の実体を表し、これらは関連によって接続されるノードとなる。実体の名称は長方形内に書かれる。
- 線（矢印）は、実体間に存在する関連を表す。関連の名称は、線に沿って書かれる（まず関連名が、次いでその下に逆関連名が記される）。
- 関連が再帰的（同じ実体が定義域と値域の双方）である場合、矢印は実体を表す長方形の角の 1 つにループ状に示される。関連の名称はループの所に示される。
- サブクラスの実体をスーパークラスの実体と結びつける「isA」階層は、点線で示される。
- 関連の基数（cardinality）は矢印の頭で示される。
  - 一重矢印は、その実体の基数が「1」であることを示す。
  - 二重矢印は、その実体の基数が「複数（多)」であることを示す。

図 5.1　著作・表現形・体現形・個別資料間の関連

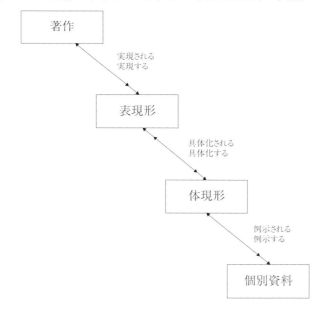

LRM-R2 から LRM-R4 までの関連を図 5.1 に示す。これらの関連は、1 つまたは複数の**表現形**を通して 1 つの**著作**が実現されることを示している。一方、**表現形**はただ 1 つの**著作**を実現する。1 つの**表現形**は 1 つまたは複数の**体現形**によって具体化される。同様に、1 つの**体現形**は 1 つまたは複数の**表現形**を具体化する。翻って**体現形**は 1 つまたは複数の**個別資料**によって例示される。しかし、1 つの**個別資料**はただ 1 つの**体現形**を例示する。

図 5.2　行為主体と著作、表現形、体現形、個別資料との責任関連

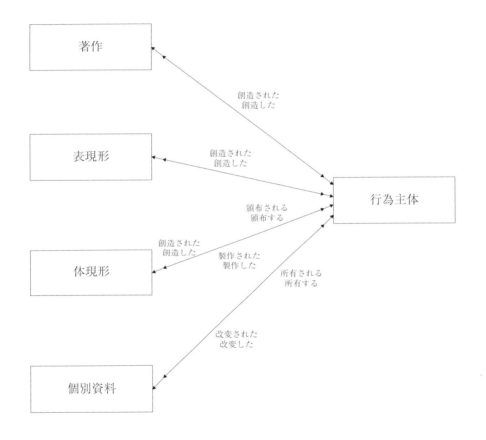

LRM-R5 から LRM-R11 までの関連を図 5.2 に示す。これらの関連は、すべて**行為主体**という実体（またはそのサブクラスのいずれか）と、**著作**、**表現形**、**体現形**、および**個別資料**との間に存在する。これらの関連は、創造、製作、頒布、所有または改変のプロセスでの責任性を捉えたものである。これらの関連はすべて多対多であり、任意の数の**行為主体**がこれらのプロセスのいずれかにおいて、任意の数のインスタンスに関与する可能性があることを示す。

図 5.3　主題関連

LRM-R12 の関連を図 5.3 に描く。この関連は**著作**を著作の主題である **res** にリンクする。いずれの **res**（および、すべての実体は **res** という実体のサブクラスであるため、他のすべての実体）も、1 つまたは複数の**著作**の主題になることがある。また、**著作**は 1 つまたは複数の **res** を主題としてもつことがある。

図 5.4　呼称関連

LRM-R13 の関連を図 5.4 に描く。この関連は **res** をその **nomen** にリンクする。いずれの **res**（および、すべての実体は **res** という実体のサブクラスであるため、他のすべての実体）も、1 つまたは複数の **nomen** によって知られる。それぞれの **nomen** は単一の **res** の呼称である（この関連を書誌的アイデンティティのモデル化に適用することについては、項目 5.5 を参照のこと）。図 5.4 は、LRM-R16 の関連、即ち **nomen** がそれ自体 **nomen** である部分をもつ場合があることをも描いている。

図 5.5　行為主体間の関連

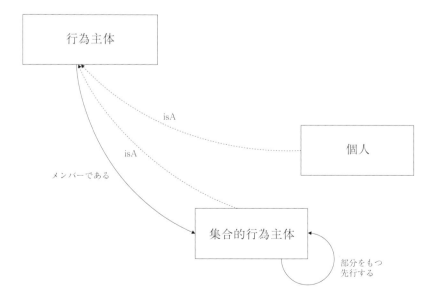

LRM-R30 から LRM-R32 までの関連を図 5.5 に示す。メンバー関連は、ある**集合的行為主体**と**行為主体**（**個人**または別の**集合的行為主体**）との間に存在する。**集合的行為主体**は1つまたは複数のメンバーを有し、**行為主体**は1つまたは複数の**集合的行為主体**のメンバーであることがある。**集合的行為主体**は、それ自体が集合的行為主体である1つまたは複数の部分を有することがあり、また複数の**集合的行為主体**は、時間の経過において互いに先行したり後継したりすることがある。これらの関連に加えて、**行為主体**という実体とそのサブクラスである**個人**および**集合的行為主体**の間に「isA」階層のあることが、同図において示されている。

図 5.6　関連の概観

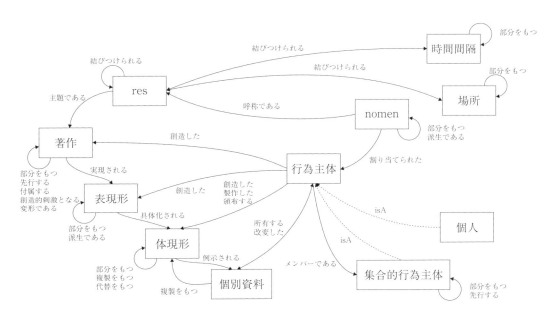

最終的な概観図（図 5.6）は、図 5.1 から図 5.5 に描かれたすべての関連と、本モデルで定義された他のすべての関連を示している。ただし、ショートカットは示されていない。表示を簡素化するために、すべての実体を **res** に結びつける「isA」階層構造は省略されており、また図示された矢印の方向に対応する関連名のみが示されている。これまでの図とは異なり、関連の基数は示されていない。一重矢印は、その関連名が表す方向に対応している。

この図は、**res** が他の **res** と関連づけられること（LRM-R1）、および**場所**と**時間間隔**のインスタンスと関連づけられること（LRM-R33、LRM-R35）を示している。**場所**と**時間間隔**という実体はそれぞれ、それ自体が**場所**や**時間間隔**である部分によって構成されることがある（LRM-R34、LRM-R36）。**nomen** は**行為主体**によって割り当てられ（LRM-R14）、また他の **nomen** から派生したり（LRM-R17）、それ自体が **nomen** である部分から構成されたりすることがある（LRM-R16）。

第 5 章　モデルの概観

著作は、いくつかの仕方で他の**著作**と関連をもつ。例えば、構成部分となったり、論理上の先行著作や後継著作となったり、互いに付録となったり補完したり、他の**著作**への創造的刺激となったり、または新しい**著作**に変形したりする（LRM-R18 から LRM-R22 まで）。同様に、**著作**の**表現形**は新しい**表現形**へと派生したり（LRM-R24）、複数の**表現形**を構成部分としてもったりする（LRM-R23）。**体現形**どうしは複製（LRM-R27）や代替（LRM-R29）として関連をもつことがあり、また複数の**体現形**を構成部分としてもつこともある（LRM-R26）。**個別資料**は、複製の元となった**体現形**との関連をもつことがある（LRM-R28）。

5.2　実体とそれらの対応関係の制約

IFLA LRM は、「isA」階層によって関連づけられる実体を除き、モデル内の実体が互いに素（disjoint）であることを宣言する。この分離は強い制約であり、互いに素である実体がこれら複数の実体に同時に属するインスタンスをもてないことを意味する。

この分離の結果、あるものが**個人**のインスタンスと**集合的行為主体**のインスタンスの双方になることができない、といったことが議論になることはほとんどない。一方、あるものが**体現形**（セットである抽象的実体）のインスタンスと**個別資料**（具体的な実体）のインスタンスの双方になることができないことについては、理解するのに少し考慮が必要である。存在しているのはただ 1 つの物理的オブジェクトであり、その**体現形**としての性質が考慮されているのか、それとも**個別資料**という側面に焦点が当てられているのかによって、オブジェクトを異なった側面から見ていることになる。

さらに、ある人が「*Hamlet* は**著作**である」といい、別のある人が「*Hamlet* は**表現形**である」というとき、**著作**、**表現形**、**体現形**、および**個別資料**という実体の分離の考えに反して、*Hamlet* が同時に**著作**と**表現形**の双方であることを意味しているわけではない。これは単にこの 2 人が *Hamlet* の異なる側面を念頭に置きつつ、それら異なる側面を同一の **nomen 文字列**（nomen string）をもつ **nomen** を使って表していることを意味する。この問題は、分離を排除することよりも、実際のデータベースに実装されている関連を調べることによって適切に解決される。*Hamlet*「とは」絶対的に何であるかという形而上学的議論ではなく、これらの関連こそが、**著作**なのか**表現形**なのかについて非常に実践的な方法で示してくれる。

実際には、特定の URI を通じて識別されるものに関して相反する見解をもつ 2 つのデータソースを対応づける必要がある場合、それらの相反する見解を接続するゲートウェイとなり得る暗黙的かつ追加的な実体を導入することが可能である。例えば、図書館目録が *Hamlet* のフランス語訳は**表現形**であるとしていて、他方で著作権管理団体によって作成されたデータベースは同じ URI によって識別される Hamlet の同じフランス語訳が**著作**

であるとしている場合、その URI によって識別される「もの」は**著作**でも**表現形**でもなく、言語的記号と概念の組み合わせである「文字による創造（textual creation）」であり、図書館目録はその文字による創造を構成する言語的記号のみを説明する一方、著作権管理団体のデータベースは翻訳プロセスに関わる概念のみを想定したものであると考えることで、双方の見解は統合させることができる。IFLA LRM モデルは、これらの2つのデータソースを併合することを目的として、追加的実体である「文字による創造」、および2つの追加的関連である「文字による創造」が「概念的内容である**著作**」をもつという関連と、「文字による創造」が「記号的内容である**表現形**」をもつという関連とを宣言することで、拡張させることができる。

5.3 オンライン配信のモデル化

製作プロセスは**体現形**の本質的な部分を形成する。ダウンロード可能なファイルやストリーミング・メディアなど、オンラインで配信することを意図した**体現形**の場合には、製作プロセスは、エンドユーザの行為が契機となって引き起こされる一連の行為群から成る。

結果として、製作プランは、様々なエンドユーザによってオンライン・ファイルがそれぞれダウンロードされるデジタル・ストレージ・メディアのように、製作者の直接の制御下にないため、完全には規定できない側面を含むことになる。どのようなストレージ・メディアが使用されたとしても、ダウンロードされたファイルはオンライン上のファイルと同じ**体現形**のインスタンスである。これはオンデマンド印刷の場合にも当てはまり、そこでは例えばエンドユーザが印刷に使用する紙の色を製作者は制御できない。

ファイルがエンドユーザの機器にダウンロードされるとき、デジタル著作権管理ソフトウェアがファイルを修正するならば、厳密にいってこれらのプロセスは異なる状態の**体現形**をもたらし、さらにわずかに異なる**表現形**さえもたらす。

デジタル出版の場合には、入手プロセスは、**体現形**の内容上の重複と同様に、物理的な**個別資料**の製作にそれほど関係しない（**体現形**の内容上の重複は場合によっては変更を伴う。例えば、特定の権利を宣言したり、「デジタル・アイテム（digital item デジタルな個別資料）」の取得者を特定したりするファイルやメタデータの追加など。この場合、厳密にいえば、プロセス全体が新たな異なる**体現形**の創造をもたらしたと考えられる）。しかしながら、すべての「デジタル・アイテム」を別個の**体現形**とみなすことは実用的でないし、利用者のニーズを満たすものでもない。

実装上、特定の「デジタル・アイテム」をそのようなものとして識別し記述する必要があるならば、IFLA LRM モデルの拡張を提示することができる。そのような拡張は、**体現形**と**個別資料**という実体の中間レベルに実体「デジタル・アイテム」を定義することによって、デジタル・オブジェクトに特有の特徴を説明することができる。このような拡張では、

個別資料は完全な 1 つの物理的な実体である一方、デジタル・アイテムは基本的に**体現形**の内容全体を含むファイルまたはファイル群のパッケージであって、著作権や所有権、その他の注記、オクテット・ストリームのデグラデーションなどの記載の追加によって、(入手プロセスの中で、または入手後に) 変更され得るものである。

5.4 図書館の文脈における nomen

図書館の文脈では、**個人**、**集合的行為主体**（家族や団体など）や**場所**に対する **nomen** は伝統的に名前（name）として扱われ、**著作**、**表現形**、**体現形**に対する **nomen** はタイトルとして扱われてきた。一方、主題の文脈で使われる **res** の **nomen** は、名辞、記述、件名標目、分類記号などとして様々に扱われてきた。

識別子は、特定領域の応用の範囲内において持続性と唯一性をもつことを意図する、**nomen** のタイプの 1 つである。それは特定タイプの出版物の識別子や、**個人**の識別子など、その実体のインスタンスが一意に識別され、曖昧さなく参照されるようにするものである。識別子をその他の **nomen** と区別するのは、**ある特定のシステム内においては、ある識別子の属性 nomen 文字列の値が、別の nomen の属性 nomen 文字列の値と同一になることはないという点**である（もちろん、このシステムの外部において、他の **nomen** が属性 **nomen** 文字列の同じ値をとることはあり得る）。識別子は一般に権威のある付与機関が、同意された規則に基づいて付与する。付与機関のインスタンスには、これらに限らないが、ISO 識別子の登録機関や、市民や居住者に識別子を付与する国家の政府がある。識別子システムの守備範囲は（URI のように）広範囲であったり、高度に専門的（特定の作曲家による作品のためのカタログ番号）であったりする。

図書館情報システムにおいて、統制形アクセス・ポイントは **nomen** の 1 つのタイプであり、伝統的に**個人**、**集合的行為主体**（即ち家族や団体）、**著作**、**表現形**、そして**主題としてもつ**という関連の対象として用いられるその他の実体をまとめて排列する（集中（collocation）を実現する）ために付与されてきた。

統制形アクセス・ポイントは、書誌的システムの中で関連する規則に従って構築される **nomen** である。これらは関連する構築規則によって指定された、名前、タイトル、名辞、コードなどの形をとる。

多くの知識組織化システムでは、統制形アクセス・ポイントは以下の 2 つのサブタイプのどちらかにあてはまる。
　　　　a) 優先形または典拠形アクセス・ポイント
　　　　b) 異形アクセス・ポイント

優先形または典拠形アクセス・ポイントは、目録やデータベースの範囲内で実体のインス

タンスを一意に識別するもので、それゆえ識別子として機能する。一方、異形アクセス・ポイントは、適用される構築規則に依存して、実体の特定のインスタンスと唯一的に（1 対 1 で）結びつけられることもあるし、そうでないこともある。

現在の図書館の実務では、名称典拠レコードは、一般にある実体の同じインスタンスを指す書誌的に重要な nomen のクラスターに対して作成され、アクセス・ポイント（ある nomen）の優先形を表す nomen 文字列と、異形アクセス・ポイントまたは識別子（付加的な nomen）に対応する nomen 文字列との双方を記録している。典拠レコードは nomen を統制するものの、nomen によって表される実体のインスタンスに関する情報がショートカットとして、nomen に関する情報とともに、res と nomen との区別が曖昧なまま、同じ典拠レコードに記録されている。現在の図書館の実務で用いられている典拠レコードのすべてのカテゴリーをモデル化することは極めて複雑であり、本モデルの範囲を超える。

5.5　書誌的アイデンティティのモデル化

IFLA LRM における書誌的アイデンティティ（即ちペルソナ（persona））のモデル化は、nomen という実体と、「呼称をもつ」という関連とを用いてなされる。関連「呼称をもつ」は 1 対多であり、任意の実体のインスタンスと、そのインスタンスに対して使われる様々な nomen との間に存在する。すべての実体のインスタンスは、様々な nomen への複数の呼称関連をもつ。実体の同一インスタンスに対する様々な nomen は、nomen の属性（言語、文字、スキームなどのような）の 1 つまたは複数に関して値が異なると考えられる。

特に個人（定義：個々の人間）は一般に複数の nomen をもつ。個々の nomen の使用は、特定の文脈においては特定の nomen が好まれるといったことを含めて多くの要因に左右される。nomen の属性である使用の文脈は、特定の書誌的環境において書誌的アイデンティティどうしを明確に区別して認識するのに関わると思われる文脈について、そのような側面を記録するために使用される。関連する文脈は明確に記述できるほど単純な場合もあるし、多数の特性から推論される場合もある。単純な状況では、使用の文脈は、文学作品を出版したときに個人によって使われた 1 つまたは複数の nomen を関連づけ、また一方で、別の nomen のクラスターは学術的著作を出版したときに同じ個人によって使われたものとして認められる場合もある。より複雑なケースでは、使用の文脈は、ある想像上の世界についての小説のシリーズを書く個人によって使われる nomen と、別の想像上の世界について別の小説のシリーズを書く同じ個人による別の nomen とを区別する必要がある場合もある。

本モデルにおいて、書誌的アイデンティティとは、同一の書誌的に意味のある文脈（または複数の文脈）において個人によって使用される nomen のクラスターである。使用の文脈においてどのような違いがあるかということが認識の契機となるが、その結果もたらされる個別の書誌的アイデンティティのそれぞれの取り扱いは、目録規則や知識組織化シス

テムに依存する。例えば、同じ**個人**による複数の筆名は、目録規則の中では複数の優先形アクセス・ポイントとすることを求められる場合もあるし、他方それに対する分類番号は1つである場合もある。

現行のいくつかの目録規則によれば、典拠レコードは、一般にそれぞれ異なる書誌的に独立した**nomen**のクラスターごとまたはアイデンティティごとに作られる。そして**nomen**によって指示される実体のインスタンスに関する情報は、通常、やはり典拠レコードに記録される。複数の独立した**nomen**のクラスターがある実体の同一インスタンスと関連していることが知られているとき、現行の実務では、同一典拠ファイルの中でそれらのクラスターに対する典拠レコードを相互にリンクすることが許容されている。

nomenのクラスターによって形成される書誌的アイデンティティは、**res**の1つのタイプであり、**nomen**として割り当てられ続ける持続性をもっている。例えば国際標準名称識別子（ISNI）は、公的アイデンティティに割り当てられる（識別子タイプの）**nomen**である。ISNI、優先形アクセス・ポイント、そして若干数の異形アクセス・ポイントは、同一書誌的実体の**nomen**であり得るし、そのアイデンティティ（即ち**res**）に対する等価の**nomen**である。

例
実在の**個人**が、異なる**使用**の文脈で2つの独立した**nomen**のクラスターを用いている。それぞれのクラスターは3つの**nomen**を含む。この使用の文脈の違いは、特定の目録規則において明確であり、それぞれのクラスターの中で目録規則は1つのアクセス・ポイントの形をとる**nomen**を優先形として指定し、ほかのアクセス・ポイントを異形としている。それぞれのクラスターは異なる典拠レコードに記録され、2つのレコードは同一**個人**への関連を示すためにリンクされることがある。

個人1： nomen 1：文脈（探偵小説）、カテゴリー（優先形アクセス・ポイント）
　　　　 nomen 2：文脈（探偵小説）、カテゴリー（異形アクセス・ポイント）
　　　　 nomen 3：文脈（探偵小説）、カテゴリー（ISNIタイプの識別子）

　　　　 nomen 4：文脈（恋愛小説）、カテゴリー（優先形アクセス・ポイント）
　　　　 nomen 5：文脈（恋愛小説）、カテゴリー（異形アクセス・ポイント）
　　　　 nomen 6：文脈（恋愛小説）、カテゴリー（ISNIタイプの識別子）

いくつかの実際の状況では、目録作成者は1つの**nomen**のクラスターと別の独立した**nomen**のクラスターが、同じ個人によって使われているかどうかを知らない場合がある。その上、目録作成者は、それらの**nomen**の中のいずれがその**個人**の本当の法律上の名前であるかどうかを知らないことがある（また知る必要もない）。情報の欠如は、これらの**nomen**のクラスター間のあり得るすべての関連を記録できないことを意味するが、だから

といって情報資源へのアクセス提供に影響はしない。場合によっては、目録作成者が確実性をもって知っていることのすべてとは、**著作**や**表現形**のいくつかの側面に関して責任性を表す**体現形表示**において、ある **nomen** が出現するということかもしれない。その記述中の語句は、その**行為主体**が**個人**であるという仮定と整合する場合もあるし、別の印象を与える場合もある。目録作成者の現実世界についての知識は、**行為主体**に関する利用可能な情報がどれほど少なくとも、ある**著作**の**表現形**が存在するのだから、いくつかの実際の**行為主体**（または若干数の**行為主体**）がその創造に責任を負うという結論を導くことになる。

どのような実装においても、目録規則は**個人**とその **nomen** のクラスターの扱いを運用可能とする必要がある。一般に目録規則は、一貫した**使用の文脈**において使用される個々の **nomen** のクラスターが単一の**個人**の呼称である、ということをデフォルトの前提にしており、そうでないと判明した場合には、書誌的アイデンティティ間に適切な関連を追加することを指示している。このそうでない場合には、同一**個人**によって複数の書誌的アイデンティティ（本名と筆名または複数の筆名）が異なる文脈で使用されている場合が含まれる。逆に、1 つの **nomen** のクラスターが独立した複数の**個人**と文化的に結びついているというパターンに基づいて編成されている場合には、実際には複数の**個人**から成る**集合的行為主体**とみなすことになる（共同筆名）。

5.6　代表表現形属性

厳密な形式的意味では、本モデル内では**著作**のすべての**表現形**は**著作**の実現として等価である。しかし、エンドユーザとの調査研究は、エンドユーザが**著作**にはいくつか固有の特性があり、それらの特性を反映した**表現形**が**著作**の創作者の意図を最もよく表しているように感じられる、と考えていることを示している。所与の**表現形**と「理想」の**表現形**のイメージとの間に感じられる「距離」（distance）はしばしば注目され、**表現形**の選択基準としても使われているようである。様々な目的のために、エンドユーザは「オリジナル」の特性をよく表示している**表現形**を探し求めるとともに、そのような**表現形**の**体現形**に特に関心の目を向けている。

多くの場合、代表的または「正典的（canonical）」な特性は、**著作**の最初のまたはオリジナルの**表現形**に示された特性として容易に識別され、同時に**著作**の最初の**体現形**として具体化される。それ以外の**表現形**は、**著作**の来歴がすべて判明している場合、このオリジナルの**表現形**から始まる派生または変形のネットワークから形成されたと見ることができる。その他のケースはこれほど明快ではない。当初から 2 つまたはそれ以上の言語で同時に発行された文字による**著作**で、オリジナルの言語が特定されないもの（多言語国家の政府文書または多国籍機関の出版物など）は、複数の「オリジナル」言語をもつとみなされるか、または単一の「オリジナル」言語を全くもたないとみなされる。同様に、代替の楽器編成が選択可能な音楽**著作**は、属性**演奏手段**において複数の「オリジナル」の値をもつとみなされる。場合によっては、**表現形**の派生履歴はかなり複雑であり、現在の利用者

がその**著作**を識別するのに「正典的」であるとみなしている**表現形**の特性が、実際にはオリジナルの**表現形**には存在していないというケースがある。

エンドユーザは、William Shakespeare の *Hamlet* が英語に結びついていて、その文学形式が戯曲であることを直観的に理解している。利用者は、短縮や翻訳などの派生した**表現形**は、省略のない英語版より「オリジナル」の**表現形**との隔たりが大きい、別の**表現形**とみなすであろう。たとえほとんどのエンドユーザがそれらの**表現形**の初期の**体現形**に直接触れたことはなくても、この判断は、戯曲の初期の**表現形**がどういうものであったかについての文化的知識と仮定に基づいている。

同様に、音楽**著作**についても、エンドユーザは文化的知識を通して、Franz Schubert の piano sonata D. 959 in A major を、特定の楽譜や録音された演奏を参照することなく、ソナタ形式のピアノ用**著作**とみなしている。むしろ、多くの楽譜と録音された演奏は、これらの正典的あるいは代表的な属性を等しく反映していると見られている。

著作を識別する上で重要な特性のこのような外挿（extrapolation）は、当初から口頭で伝承されてきた古典的テキストのように、初期の**表現形**や**体現形**がすべて失われた場合でも行われる。現存する最初期のバージョンでもオリジナルの創作時期よりかなり年代的に新しく、かつ Homer を個人創作者とする証拠が疑問視されているにもかかわらず、エンドユーザは Homer の *Odyssey* を古代ギリシア語と叙事詩に結びつけてとらえている。いくつかの他の証拠が存在する限り、**表現形**や**体現形**が現存しない失われた**著作**についてさえ、いくつかの特性を推測することができる。

エンドユーザはいくつかの特性を、**著作**それ自体に付随するもの、または固有のものとして受け止めているので、それらの特性は**著作**を記述し識別する手段として役立つ。厳密にいえば、そうした属性は**表現形**に関する特性であり、**著作**の特性ではないが、それら**表現形**の属性の値は**著作**へ観念上で「転送」され、**著作**の識別に使用される。

本モデルでは、このような思考過程を経て**著作**レベルに帰せられる属性の値を、**代表表現形属性**という**著作**の属性として記録する。この属性は、**著作**の下に情報を「駐車（park）」させるための実用的な方法としてモデルの中で定義されていて、そのようにすることで特定の**表現形**に連結して情報を記録する必要性を回避している。例えば、**表現形**に対応する**体現形**がない場合のように、実際の代表的な**表現形**がデータベースでとりたてて必要とされないとき、このような合理化は特に便利である。

著作のどのような**表現形**についても、**表現形**レベルで同じ属性に保持された値は、特定の**表現形**と代表的または「正典的」とみなされた**表現形**との間の「距離」を測る大まかな目安となる。1 つの**著作**の多くの**表現形**は実際、**代表表現形属性**の値と一致し、正典的な**表現形**のネットワークやクラスターを形成するであろう。**著作**の属性はその情報源である**表**

5.6 代表表現形属性

現形の属性とは区別されるため、**代表表現形属性**として記録されたものとは異なる値を**著作**の**表現形**が保持しても矛盾は生じない。

本モデルは、**著作**に対して単一の多値属性を定義することによって、これらの重要な属性を収める容器を用意している。しかし、実装にあたっては、どの属性が**著作**の識別のために重要とみなされるかを指定し、**代表表現形属性**の適切なサブタイプを用意する必要がある。このサブタイプは、**著作**の属性**カテゴリー**の値に応じて、それぞれ別々に決められるだろう。例えば、主に文字による**著作**の場合、**表現形**の属性**言語**が選択されるだろう。地図**著作**の場合、**表現形**の属性**縮尺**が言語に代わって重視されるだろう。多くの**表現形**の属性が、**著作**のいくつかのカテゴリーに対する**代表表現形属性**として、取り入れられる可能性をもっている。例えば、本モデルで定義されている属性である**想定利用者**、**縮尺**、**言語**、**調**、**演奏手段**は、おおむね該当するであろう。

データ入力を減らすために、目録作成モジュールは、単一**表現形**の単一**体現形**を通じて新しい**著作**が実現されるという大多数の場合に、該当する**表現形**の属性を**代表表現形属性**に「自動的」に昇格させるという方式を実装することができる。これはしばしば（いつもとは限らないが）美術**著作**の場合にも当てはまる。

本モデルは、いかなる**表現形**の属性の値についても、代表性を決める際に適用される基準を規定していない。それは、適切な目録作成の実務において操作化され運用されるものである。ある特性が**著作**のオリジナルの**表現形**によって明示されているかどうかは、しばしばこの意思決定過程の構成要素となり、オリジナルを特定できない、またはオリジナルが保存されていない、または目録作成者がそれを知るのに十分な情報をもっていないようなケースにおける解決策となる。このような運用基準は、いくつかの同等な「オリジナル」の**表現形**の中から、目録が用いている言語によるものを1つ恣意的に選択する場合のように、対象となるエンドユーザ向けには特定の**表現形**の特性がふさわしいとする判断を含むことがある。

例
著作： 創造された： Louise Penny
　　　　タイトルをもつ（著作）： Still life
　　　　言語（代表表現形属性）： 英語
　　　　著作のカテゴリー： 小説

表現形1（代表表現形属性と一致）：
　　　　言語をもつ： 英語
　　　　タイトルをもつ： Still life
　　　　創造された： Louise Penny

表現形 2（代表表現形属性である言語と不一致）：
  言語をもつ： フランス語
  タイトルをもつ： Nature morte
  創造された（翻訳者）： Michel Saint-Germain

5.7 集合体現形のモデル化

集合体現形（aggregate）は、複数の表現形を具体化している 1 つの**体現形**と定義される。集合体現形には以下の 3 種類がある。

表現形の集合コレクション（Aggregate Collections of Expression）
コレクションとは、独立して作成された複数の**表現形**の集合で、単一の**体現形**にまとめられて「出版された」ものである。コレクションには、選集、アンソロジー、モノグラフ・シリーズ、逐次刊行物の各号、その他の類似する情報資源のグループが含まれる。その例には、雑誌の各号（記事の集合体）、単一の巻にまとめられて出版された複数の小説、独立して執筆された章で構成される図書、CD 上の編集物（個々の歌唱の集合体）、様々な形で収集・選択された著作集がある。コレクションに特有の特徴は、特定の著者が執筆した小説のコレクション、特定のアーティストによる歌唱のコレクション、あるジャンルの詩を集めたアンソロジーのように、個々の著作は通常タイプやジャンルの点で類似することである。しかし、場合によっては、無作為な**表現形**のコレクションであるかのように見えるものもある。

増補による集合体現形（Aggregates Resulting from Augmentation）
増補の結果として生まれた集合体現形は、典型的には単一の独立した**著作**に 1 つまたは複数の従属的な著作が補足されている点で、コレクションとは異なる。このような集合体現形は、オリジナルの**著作**と一体をなさず、かつオリジナルの**表現形**に実質的な変更をもたらさない追加的な資料が**表現形**に補足されたときに出現する。序文、序論、挿絵、注釈などが増補の**著作**の例であり、ピアノ用の簡約なスコアが加えられたフルスコアのような例もある。増補の資料は、書誌的な識別に必要とみなされることもあり、みなされないこともある。

並列的表現形の集合体現形（Aggregates of Parallel Expressions）
体現形には、同一著作の複数の並列的な**表現形**を具体化したものがある。ある**著作**を様々な言語で表した複数の**表現形**を含む単一の**体現形**は、このタイプの集合体現形の一般的な形である。これらは、一般に多言語環境で出版されるマニュアルや公的文書で用いられる。並列的な**表現形**は、利用者が自分の言語を選ぶ形で等価な資料にアクセスできるようにしたウェブにおいてもよく見られる。他の例には、オリジナルの言

語のテキストとその翻訳とで構成される出版物や、映画とその選択可能な吹き替え言語や字幕言語とを含んだDVDがある。

表現形と**体現形**との間の多対多関連により示されるように、**体現形**は複数の**表現形**を含むことがある。これは、**著作**から**個別資料**までの実体の間では唯一の多対多関連である。1つの**体現形**が多数の**表現形**を具体化することも、1つの**表現形**が複数の**体現形**に具体化されることも可能である。対照的に**表現形**は単一の**著作**のみを実現し、**個別資料**は単一の**体現形**のみを例示する。

集合体現形のモデル化を単に複数の**表現形**の具体化として捉えると、集合者（aggregator）や編者の創造的な行為を認識しそこなうことがある。**表現形**を集合化するプロセスは、それ自体が知的・芸術的な行為であり、それゆえに**著作**を成立させる基準と合致する。この意味で**表現形**だけが組み合わされる（即ち集合される）ことができるため、集合は**表現形**レベルで成立することになる。**表現形**を組み合わせ、その結果、**集合体現形**（*aggregate manifestation*）を形成するプロセスにおいて、集合者は**集合化著作**（*aggregating work*）を創造する。また、このタイプの**著作**は、複数の独立した**表現形**の集合を1つの集合体現形に変形する、糊、綴じ、接合材としても注目されてきた。このような取り組み——既存の2つの小説を1冊にまとめて出版する——は、相対的に重要なものではないこともあるし、（アンソロジーの例のように）構成要素を集めたもの以上の価値をもつ集合を成立させることにつながる重要な取り組みを表すこともある。**集合化著作**の核心は選定と編成の基準にある。この核心部分は集められた**著作**自体の中には存在せず、全体・部分関連は適用されない。集合体現形を、多数の章で構成される小説のような、構成要素から成る**著作**と混同すべきではない。

複数の**表現形**を具体化した**体現形**という集合体現形のモデル化は、単純で明白である。即ち、**著作**と**表現形**を、それを具体化する出版や物理的な**体現形**の形式にとらわれずに、同等に取り扱うことができる。ある**表現形**は単独で出版されることもあるし、他の**表現形**とともに1つの**体現形**として具体化されることもある。図5.7に汎用モデルを示す。

集合**体現形**は**集合化著作**に対応する**表現形**を具体化したものであるが、このような**表現形**は書誌的な識別に必要とみなされることもあり、みなされないこともある。しかし、このモデルには柔軟性があり、任意の時点で**集合化著作**を記述することができる。当初は**集合化著作**を識別しなかった場合でも、それが適切であれば後から記述することができる。同様に、当初は記述されていなかった増補（例えば序文）について、それを重要とみなした時点、例えばその序文がエッセイとして再出版されたときに、記述することができる。

図 5.7 集合体現形の汎用モデル

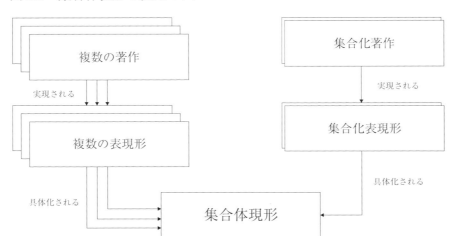

5.8 逐次刊行物のモデル化

逐次刊行物は、全体・部分関連と集合関連が組み合わされた複雑な構成をとる。即ち、

- ある逐次刊行物の全体である**体現形**は、経年的に出版された各号との間に全体・部分関連をもつ（たとえ、1号しか発行されない逐次刊行物があったとしても）。
- そして、各号は記事の集合である（たとえ、たまたま1つの記事しか掲載されていない号から成る逐次刊行物があったとしても）。

逐次刊行物の各号は、複数の**表現形**を具体化した1つの**体現形**というIFLA LRMの集合体現形の定義に合致して集合**体現形**を構成し、複数の**著作**の**表現形**を具体化している。それと同時に各号は、その号の集合のための編集プランを提供する**集合化著作**の**表現形**を具体化している。他方、逐次刊行物全体を占める**体現形**は、経年的に順を追って刊行された部分から成り、ここには**体現形**レベルの全体・部分関連（LRM-R26）がある。逐次刊行された連続する集合である**体現形**の場合、それに対応する**集合化著作**は逐次刊行**著作**（serial *work*）と名づけられる。本モデルにおいて逐次刊行**著作**という用語は、**集合化著作**のうちのこの特定タイプに限定して使用する。つまり、ここでの用語「serial *work*」の使用法は、連続する集合**体現形**を指す「逐次刊行物（serial）」という用語と互換的に使用される、図書館における一般的な使用法とは異なる。逐次刊行**著作**は、著作・創造的刺激関連（work-inspiration relationship LRM-R21）を通して個々の号が形成され、それらの号が連続したものとして**集合化著作**を形成する。これらの**集合化著作**は、その差異にかかわらず、それぞれ逐次刊行**著作**の全体的な編集方針、範囲およびスタイルによって刺激を受けている。しかし、逐次刊行**著作**は各号との間に**著作**レベルの全体・部分関連を有してはいない。

逐次刊行**著作**の記述は特にモデル化が困難である。なぜなら、それは過去についての記述に限定されず、少なくとも近い将来に逐次刊行**著作**がどのように振る舞うかに関して、エ

ンドユーザが想定できるように意図しなければならないからである。記述対象となる「もの」は、過去に大きく変化したかもしれないが、将来はさらに大きく変化するかもしれないのである。

著作という実体は、IFLA LRM において、「様々な**表現形**の間にある内容の共通性を識別することを実現するもの」と定義されるので、逐次刊行**著作**はこの**著作**という実体の特殊なケースとしてモデル化できるが、「内容の共通性」という概念を単行書に対するものと同じ意味で理解すべきではない。*Romeo and Juliet* の英語テキストとそのイタリア語の翻訳は同じ思想を共有すると主張できるが、逐次刊行物の各号は個別の記事の集合であるため、逐次刊行物を形成するすべての号の**体現形**に具体化している様々な**表現形**が同じ思考を共有するとは主張できない。むしろ、逐次刊行**著作**を定義する「内容の共通性」は、出版者と編者の**意図**（intention）において存在する。両者の意図とは、個別の号のすべてが識別可能な全体に属しているという感覚を利用者に伝えることであり、編集コンセプトの集合（タイトル、総合的なトピック、認識可能なレイアウト、定期的な発行頻度など）は、この感覚の伝達を助ける。

このような一群の編集コンセプトは、逐次刊行著作がそのアイデンティティを失わない限り時間の経過とともに発展する。単行**著作**（monographic *works*）に関しても同じことがいえる。例えば、Darwin の *On the Origin of Species* の第 6 版に表わされた概念は、同じ**著作**の第 1 版に表わされた概念と全く同じではない。

特定の地域別に「版（editions）」が刊行されている逐次刊行物のケース（例えば、*The Wall Street journal* は東海岸版と西海岸版を刊行している）を考えてみよう。ここで「版」という用語を使用したことで、しばしば同一**著作**に属する 2 つの**表現形**を指す単行書の版表示と類似しているという印象を与えてしまう。しかし、本質が集合**体現形**を形成する各号の製作へ導く編集コンセプトにある逐次刊行**著作**については、地域版間の相違が、関係はありながら別個に存在する 2 つの逐次刊行**著作**を生む結果となる。すべての逐次刊行物を**著作**という実体の個別のインスタンスとして捉えること、また逐次刊行**著作**のインスタンスの間にある特定の関連（例えば、「関係の深い地方版である（is a sibling local edition of）」）の存在を認めることは、本モデルによって十分に行える。しかしながら、このハイレベルのモデルでは、逐次刊行**著作**の間に存在する特定的な関連の**すべて**はリスト化していない。より詳細な逐次刊行物のモデルが必要なアプリケーションについては、PRESSoo のような逐次刊行物に特化した概念モデルを採用するか、またはハイレベルの著作・変形関連（work-transformation relationship LRM-R22）の詳細化として、IFLA LRM 全体の哲学に従って逐次刊行**著作**の間にある特定の関連の集合を、独自に宣言することが求められる。

結論として、すべての逐次刊行**著作**は、ただ 1 つの**表現形**とただ 1 つの**体現形**をもつといえる。逐次刊行物の間のすべての関連は、**著作**－**著作**の関連としてモデル化できる。それ

はたとえ、ある逐次刊行物の刊行済みのすべての号が記事の翻訳を集めたものであり、元の記事自体が別の逐次刊行物の号において集められたものであったケースにも当てはまる。これは、前者の逐次刊行物のテキストが後者のテキストの「翻訳」であり、それゆえ両者は、現在図書館界で普及している目録規則に従うと、同一「著作」の複数の「表現形」とみなしたくなる。しかし、このような関係が将来にわたっても保持されるとは予測できず、それゆえこの2つの逐次刊行物を単一**著作**の単なる複数の**表現形**としてモデル化することは誤りであり、これらを完全に別の**著作**として扱うことがオントロジー的にいえばより正確である。同様に、ある逐次刊行物が印刷された号の形式で刊行され、別の逐次刊行物がオンラインで利用可能な PDF ファイルとして公開されており、これら両者の逐次刊行物について刊行済みの号すべてを徹底的に検討した結果、PDF ファイルのコンテンツと印刷された号のコンテンツとが完全に同一であることが判明したケースでは、これらの2つの逐次刊行物を1つの**著作**の1つの**表現形**に属する2つの**体現形**としてモデル化したくなるだろう。しかし、繰り返すが、紙の逐次刊行物の号がオンラインの逐次刊行物と同時に併存し続け、この両者の関係が長期にわたって保持されるとは断言できない。

とはいえ、IFLA LRM モデルを実装する上で満たされるべきニーズに従った上で、追加的な実体を定義することによってモデルを拡張する可能性は残されている。例えば、雑誌の印刷版とウェブ版、版を分けて複数言語で出版されている雑誌の言語別の版、雑誌の地域別の版などが追加的実体に該当する。ISSN は個別の逐次刊行**著作**を識別するものといえるが、ISSN-L は、目録作成の時点で対象とする逐次刊行物が印刷形式と PDF ファイルで同時公開されている場合に、そのような追加的な実体に該当する特殊ケースを認めているといえる。

第6章 利用者タスクと実体、属性、関連との対応

6.1 利用者タスクを例示するユースケース

項目3.2および3.3に定義した5つの一般的な利用者タスクは、それぞれ図書館データや図書館データベースの利用者によって実行されそうな、多くの特定のタスクを一般化したものである。以下の表6.1に掲げるユースケースは、様々な特定のタスクを例示したものである。ユースケースは、本モデルで定義した実体、属性、関連の見地からエンドユーザの情報探索をまとめることで、エンドユーザの活動と本モデルとをリンクさせるものである。これらのユースケースは、利用者の質問の範囲を例示し、本モデルのエレメントが利用者タスクの達成にどのように用いられるかを示している。ここに挙げたユースケースは網羅的なものではなく、また実際の状況においては多くの異形や組み合わせに普通に出会うであろう。

表6.1 利用者タスクに対するユースケース

タスク	ユースケース
発見	ある**著作**の諸**表現形**の、すべての**体現形**を<u>発見</u>する - **著作**と結びつけられたタイトル、またはその**表現形**もしくは**体現形**のタイトルを用いた検索によって ある**著作**の、すべての**表現形**を<u>発見</u>する - 特定の言語で書かれたものを 特定の**行為主体**に関連を有する情報資源を<u>発見</u>する - その**個人**によって作曲された音楽**著作**を発見するために、作曲者の個人の名称を用いて検索する - その**個人**による図を含む著作または表現形を検索するために、個人の名称を用いて検索する - その**集合的行為主体**によって責任刊行された（issued）報告書を発見するために、団体の名称を用いて検索する あるデータベースの収録範囲を<u>発見</u>する、見つける、または確認する - データベースがその**個人**に対するレコードを含んでいるかどうかを確認するために、利用者に知られているnomenによって**個人**を探索する 特定の**場所**または**時間間隔**と結びつけられた情報資源を<u>発見</u>する - その**場所**で出版された**体現形**を発見するために、**場所**の名称を用いて検索する - ある**時間間隔**にある**場所**で創造された**著作**を発見するために、日付の範囲と**場所**を用いて検索する

第6章　利用者タスクと実体、属性、関連との対応

		特定の res（または res の集合）に主題の関連がある**著作**を具体化した情報資源を発見する - 「米国議会図書館件名標目表」に用いられている（特定の res に対する）**nomen** を用いて検索する - 「デューイ十進分類法」に確立されている（特定の res に対する）**nomen** を用いて検索する - 典拠ファイルに確立された個人、団体、場所の名称を用いて検索する
	識別	検索結果の中から、<u>識別</u>または認識する - 求める**著作**のある**体現形**を具体化している情報資源を（たとえ**体現形**のタイトルが、利用者が検索した**著作**のタイトルと異なっていても） - 求める**著作**のある**体現形**を具体化している情報資源を（たとえ異なる創作者による**著作**が、利用者の検索した**著作**と類似したタイトルを有していても） - 利用者が求める**個人**に対応する個人の名称を（たとえ他の人々が類似の名称で識別されていても） - 利用者が求める**個人**に対応する個人の名称を（たとえその**個人**に対する他の名称が存在し、同一のまたは異なる文脈で使用されていても） - 利用者が求める**場所**に対応する場所の名称を（たとえその**場所**が複数の言語による名称で知られていても） 検索結果の中から、特定の対象利用者または目的を想定した情報資源を<u>識別</u>する - ある情報資源が、興味のある主題に関したものではあるが、児童向けを想定しており大学生向けではないことを認識する - ある情報資源が、興味のある音楽**著作**を具体化したものではあるが、楽譜の**表現形**であり録音ではないことを認識する <u>識別</u>する - 求める res に対応する主題の名辞を（たとえ利用者が検索した用語が自然言語において同音異義語をもっていたとしても） - 求める res に対応する分類番号を
	選択	識別された情報資源の中から、求める**著作**（1つまたは複数）の体現形を<u>選択</u>する - 最も適合する追加的内容を含むものを（例えば、同じ**体現形**に、1戯曲のオリジナルの**表現形**と翻訳された**表現形**とを含むものなど） - 特定の**行為主体**による二次的な寄与を含むものを（例えば、特定の翻訳者による翻訳、特定の学者による批判的な注や序論など） - 利用者の現在の目的から、最も便利な物理形式であるものを（例えば、レジャーの読書のための携帯が容易なポケット・ブック、旅行のためのコンパクトで防水の都市地図など） - 利用者が使用できる媒体のものを（例えば、オーディオ・ブック、点字または大活字のもの、DVDまたはブルーレイなど） - 利用者の所在において利用可能なものを（利用者の地域の図書館にあって、現在貸し出されていないコピー）

	- 利用者が意図する利用形態で利用可能なものを（例えば、図書館外で利用可能なコピーが存在するもの、ビデオのコピーに上映権（public performance rights）が関係づけられ利用者は教室で見せることができるものなど） 主題検索で識別された情報資源の中から、最適とみなされる情報資源を<u>選択</u>する - 側面、ファセット、記述された主題へのアプローチにより - 内容の言語により - 対象利用者により（例えば、学部生の利用のためには入門的なテキストを選択するが、気晴らしの読書のためには普及版を選択する） - 内容の創造の日付により（例えば、最先端のカレントな情報への情報ニーズに対しては最近執筆された**著作**を選択するが、その主題が当時どう受容されていたのかを理解したいという情報ニーズに対しては1800年代に創造された**著作**（**体現形**の出版日付には関わりなく）を選択する）
入手	情報資源を<u>入手</u>する - 図書館目録にあるリンク機能を用いて、オンライン情報資源にリンクするかそれをダウンロードすることにより - 地域図書館で利用可能と決められた**個別資料**を、物理的に借り出すことにより - 離れた図書館や供給者から、図書館間相互貸借を通して**個別資料**を受け取ることにより - 図書館目録または全国書誌を通して確かめられた引用情報を用いてベンダーや供給者から**個別資料**を購入することにより 典拠データに記録された情報から、実体それ自体についての情報を<u>入手</u>する - 典拠データから、ある**個人**の出生および死没の日付と場所を入手する - ある都市が位置する国を確認する
探索	ある主題領域とその専門用語の構造とを理解するために、関連を<u>探索</u>する - 出発点の主題より下位のものとして提示された概念をブラウズする ある実体の異なるインスタンス間の関連を<u>探索</u>する - 始原**著作**（progenitor *work*）と、それを原作とするかそれを翻案した他の**著作**との間の派生関連を追求する - 特定の**行為主体**が関係する**著作**および**表現形**と、その**行為主体**が創造または実現に果たした役割とをブラウズする 実体のインスタンスに対する様々なnomenの間の関連を<u>理解</u>する - 主題語彙において、ある普通件名に対する異形名称を検証する - 特定の**個人**によって異なる文脈で使用される異形名称を調査する（例えば、宗教的に使用される名称、公式名称など） - ある国際団体によって異なる言語で使用される名称を見る - 実体の同一のインスタンスに対する、異なる統制語彙体系における**nomen**の間の相互関係を探索する（例えば、ある件名標目や名辞に対応する分類番号を見つけることなど）

第 7 章　モデル化用語集

インスタンス	Instance	実体の特定例
拡張実体関連モデル	Enhanced entity-relationship model	1つの実体の属性および関連がその実体に包含されるすべての実体に継承される、という概念を組み込んだ実体関連モデル
関連	Relationship	実体のインスタンス間の連結
基数	Cardinality	特定の関連によって結びつけられる定義域および値域にある、実体のインスタンス数の特定
逆	Inverse	値域から定義域に横断する関連の論理的な補足
再帰的	Recursive	同一の実体が定義域と値域の双方として機能する関連
サブクラス	Subclass	実体のインスタンスのすべてが、より大きい上位の実体のインスタンスでもある場合の実体
実体	Entity	モデル内での主要な関心対象を代表する概念対象の抽象的なクラス
実体化	Reification	独自の属性と関連をもつことができるように、関連を実体としてモデル化するプロセス
ショートカット	Shortcut	複数の関連から成る、より発展したパスを表す役割を果たす単一の関連
相互	Reciprocal	逆（Inverse）を参照
属性	Attribute	実体の特定のインスタンスを特徴づけるデータのタイプ
対称的	Symmetric	関連名と逆関連名が同一の関連
対象領域	Universe of discourse	モデル化されている定義域において関連性があるとみなされるものすべて
互いに素である	Disjoint	完全にオーバーラップしない組。互いに素である実体は、同時にこれらの複数の実体のインスタンスをもつことはできない
多値	Multivalued	実体の特定のインスタンスに対して複数の値を持つことができる属性
値域	Range	関連に対するターゲットとなる実体、つまり到着点
定義域	Domain	関連に対するソースとなる実体、つまり出発点
パス	Path	複数の関連を連続して横断すること
プロパティ	Property	実体の属性または関連

第 8 章　参照した概念モデル

(Aggregates WG) Final report of the Working Group on Aggregates / chair, Ed O'Neill. September 12, 2011. Available at: http://www.ifla.org/files/assets/cataloguing/frbrrg/AggregatesFinalReport.pdf (accessed 2019-09-30)

(CIDOC CRM 6.2.2) Definition of the CIDOC Conceptual Reference Model / produced by the ICOM/CIDOC Documentation Standards Group, continued by the CIDOC CRM Special Interest Group ; current main editors: Patrick Le Boeuf, Martin Doerr, Christian Emil Ore, Stephen Stead. Version 6.2.2. January 2017. Available at: http://www.cidoc-crm.org/sites/default/files/2017-01-25%23CIDOC%20CRM_v6.2.2_esIP.pdf (accessed 2017-08-01)

(FRBRoo 2.4) Definition of FRBRoo : a conceptual model for bibliographic information in object-oriented formalism / International Working Group on FRBR and CIDOC CRM Harmonisation ; editors: Chryssoula Bekiari, Martin Doerr, Patrick Le Boeuf, Pat Riva. Version 2.4. November 2015. Available at: http://www.ifla.org/files/assets/cataloguing/FRBRoo/frbroo_v_2.4.pdf (accessed 2019-08-03) and as FRBR : object-oriented definition and mapping from FRBRER, FRAD and FRSAD, at: http://www.cidoc-crm.org/frbroo/sites/default/files/FRBRoo_V2.4.pdf (accessed 2019-09-30)

(FRAD) Functional requirements for authority data : a conceptual model / edited by Glenn E. Patton, IFLA Working Group on Functional Requirements and Numbering of Authority Records (FRANAR). München : K.G. Saur, 2009. (IFLA series on bibliographic control ; vol. 34). As amended and corrected through July 2013. Available at: http://www.ifla.org/files/assets/cataloguing/frad/frad_2013.pdf (accessed 2019-09-30)
　　（日本語訳）国立国会図書館収集書誌部. 典拠データの機能要件: 概念モデル. 国立国会図書館, 2012. http://dl.ndl.go.jp/info:ndljp/pid/9454265 (参照2019-09-30).

第 8 章　参照した概念モデル

(FRBR) Functional requirements for bibliographic records : final report / IFLA Study Group on the Functional Requirements for Bibliographic Records. München : K.G. Saur, 1998. (UBCIM publications ; new series, vol. 19). As amended and corrected through February 2009. Available at:
http://www.ifla.org/files/assets/cataloguing/frbr/frbr_2008.pdf (accessed 2019-08-03)

　　（日本語訳）和中幹雄, 古川肇, 永田治樹訳. 書誌レコードの機能要件. 日本図書館協会, 2004, 121p.
　　http://www.jla.or.jp/portals/0/html/mokuroku/frbr_japanese.pdf（参照2019-09-30）.

(FRSAD) Functional requirements for subject authority data (FRSAD) : a conceptual model / edited by Marcia Lei Zeng, Maja Žumer and Athena Salaba. München : De Gruyter Saur, 2011. (IFLA series on bibliographic control ; vol. 43). Available at:
http://www.ifla.org/files/assets/classification-and-indexing/functional-requirements-for-subject-authority-data/frsad-final-report.pdf (accessed 2019-08-03). Errata for section 5.4.2, October 2011, available at:
http://www.ifla.org/files/assets/cataloguing/frsad/FRSADerrata2011.pdf (accessed 2019-09-30)

　　（日本語訳）山本昭, 水野資子訳. 主題典拠データの機能要件　概念モデル（仮訳）. TP&Dフォーラムシリーズ: 整理技術・情報管理等研究論集. 2014, (23), p. 64-96.

(PRESSoo) PRESSoo : extension of CIDOC CRM and FRBRoo for the modelling of bibliographic information pertaining to continuing resources / editor: Patrick Le Boeuf. Version 1.2. January 2016. Available at:
http://www.ifla.org/files/assets/cataloguing/PRESSoo/pressoo_v1.2.pdf and at:
http://www.cidoc-crm.org/pressoo/sites/default/files/pressoo_v1.2.pdf (accessed 2019-09-30)

Transition mappings : user tasks, entities, attributes, and relationships in FRBR, FRAD, and FRSAD mapped to their equivalents in the IFLA Library Reference Model / Pat Riva, Patrick Le Boeuf and Maja Žumer. 2017. Available at:
https://www.ifla.org/publications/node/11412 (accessed 2019-09-30)

付　エレメント名英和・和英対照表

＊以下の2つの表は、本文書に収録されているエレメント名（実体、属性、関連名および利用者タスク名）の原語（英語）と邦訳語と参照先IDの対照リストである。属性名には実体名を付記している。また、関連名には定義域名を、逆関連名には値域名を付記している。

エレメント名英和対照表

原語（英語）	訳語	参照先（ID）
Access conditions (manifestation)	アクセス条件（体現形）	E4-A5
accompanies/complements (work)	付属する／追補する（著作）	R20
agent	行為主体	E6
aggregated (expression)	集めた（表現形）	R25i
assigned (agent)	割り当てた（行為主体）	R14
beginning (time-span)	始期（時間間隔）	E11-A1
cartographic scale (expression)	縮尺（表現形）	E3-A5
category (expression)	カテゴリー（表現形）	E3-A1
category (nomen)	カテゴリー（nomen）	E9-A1
category (place)	カテゴリー（場所）	E10-A1
category (res)	カテゴリー（res）	E1-A1
category (work)	カテゴリー（著作）	E2-A1
category of carrier (manifestation)	キャリアのカテゴリー（体現形）	E4-A1
collective agent	集合的行為主体	E8
Contact information (agent)	連絡先情報（行為主体）	E6-A1
Context of use (nomen)	使用の文脈（nomen）	E9-A5
created (agent)	創造した（行為主体）	R5i, R6i, R7i
distributes (agent)	頒布する（行為主体）	R9i
embodies (manifestation)	具体化する（体現形）	R3i
ending (time-span)	終期（時間間隔）	E11-A2
exemplifies (item)	例示する（個別資料）	R4i
explore	探索	第3章, 第6章
expression	表現形	E3
extent (expression)	数量（表現形）	E3-A2
extent (manifestation)	数量（体現形）	E4-A2
field of activity (agent)	活動分野（行為主体）	E6-A2

find	発見	第3章, 第6章
has alternate (manifestation)	代替をもつ（体現形）	R29
has appellation (res)	呼称をもつ（res）	R13
has as subject (work)	主題としてもつ（著作）	R12
has association with (res)	結びつきをもつ（res）	R33, R35
has derivation (expression)	派生をもつ（表現形）	R24i
has derivation (nomen)	派生をもつ（nomen）	R17i
has member (collective agent)	メンバーをもつ（集合的行為主体）	R30i
has part (collective agent)	部分をもつ（集合的行為主体）	R31
has part (expression)	部分をもつ（表現形）	R23
has part (manifestation)	部分をもつ（体現形）	R26
has part (nomen)	部分をもつ（nomen）	R16
has part (place)	部分をもつ（場所）	R34
has part (time-span)	部分をもつ（時間）	R36
has part (work)	部分をもつ（著作）	R18
has reproduction (item)	複製をもつ（個別資料）	R28
has reproduction (manifestation)	複製をもつ（体現形）	R27
identify	識別	第3章, 第6章
intended audience (expression)	対象利用者（表現形）	E3-A3
intended audience (manifestation)	対象利用者（体現形）	E4-A3
intended audience (nomen)	対象利用者（nomen）	E9-A4
is a transformation of (work)	変形である（著作）	R22
is accompanied/complemented by (work)	付属される／追補される（著作）	R20i
is appellation of (nomen)	呼称である（nomen）	R13i
is associated with (place)	結びつけられる（場所）	R33i
is associated with (res)	結びつけられる（res）	R1
is associated with (time-span)	結びつけられる（時間）	R35i
is derivation of (expression)	派生である（表現形）	R24
is derivation of (nomen)	派生である（nomen）	R17
is distributed by (manifestation)	頒布される（体現形）	R9
is embodied in (expression)	具体化される（表現形）	R3
is equivalent to (nomen)	等価である（nomen）	R15
is exemplified by (manifestation)	例示される（体現形）	R4
is inspiration for (work)	創造的刺激となる（著作）	R21
is inspired by (work)	創造的刺激を受ける（著作）	R21i
is member of (agent)	メンバーである（行為主体）	R30

付　エレメント名英和・和英対照表

英語	和訳	コード
is owned by (item)	所有される（個別資料）	R10
is part of (collective agent)	部分である（集合的行為主体）	R31i
is part of (expression)	部分である（著作）	R23i
is part of (manifestation)	部分である（体現形）	R26i
is part of (nomen)	部分である（nomen）	R16i
is part of (place)	部分である（場所）	R34i
is part of (time-span)	部分である（時間）	R36i
is part of (work)	部分である（著作）	R18i
is realized through (work)	実現される（著作）	R2
is reproduction of (manifestation)	複製である（体現形）	R27i, R28i
is subject of (res)	主題である（res）	R12i
item	個別資料	E5
key (expression)	調（表現形）	E3-A7
language (agent)	言語（行為主体）	E6-A3
language (expression)	言語（表現形）	E3-A6
language (nomen)	言語（nomen）	E9-A7
location (item)	所在（個別資料）	E5-A1
location (place)	所在（場所）	E10-A2
manifestation	体現形	E4
manifestation statement (manifestation)	体現形表示（体現形）	E4-A4
manufactured (agent)	製作した（行為主体）	R8i
medium of performance (expression)	演奏手段（表現形）	E3-A8
modified (agent)	改変した（行為主体）	R11i
nomen	nomen	E9
nomen string (nomen)	nomen文字列（nomen）	E9-A2
note (res)	注記（res）	E1-A2
obtain	入手	第3章，第6章
owns (agent)	所有する（行為主体）	R10i
person	個人	E7
place	場所	E10
precedes (collective agent)	先行する（集合的行為主体）	R32
precedes (work)	先行する（著作）	R19
profession / occupation (person)	職業（個人）	E7-A1
realizes (expression)	実現する（表現形）	R2i
reference source (nomen)	参考資料（nomen）	E9-A6
representative expression attribute (work)	代表表現形属性（著作）	E2-A2

res	res	E1
scheme (nomen)	スキーマ（nomen）	E9-A3
script (nomen)	文字種（nomen）	E9-A8
script conversion (nomen)	文字種変換法（nomen）	E9-A9
select	選択	第3章，第6章
succeeds (collective agent)	後継する（集合的行為主体）	R32i
succeeds (work)	後継する（著作）	R19i
time-span	時間間隔	E11
use rights (expression)	利用権（表現形）	E3-A4
use rights (item)	利用権（個別資料）	E5-A2
use rights (manifestation)	利用権（体現形）	E4-A6
was aggregated by (expression)	集められた（表現形）	R25
was assigned by (nomen)	割り当てられた（nomen）	R14i
was created by (expression)	創造された（表現形）	R6
was created by (manifestation)	創造された（体現形）	R7
was created by (work)	創造された（著作）	R5
was manufactured by (manifestation)	製作された（体現形）	R8
was modified by (item)	改変された（個別資料）	R11
was transformed into (work)	変形された（著作）	R22i
work	著作	E2

エレメント名和英対照表

訳語	原語（英語）	参照先（ID）
nomen	nomen	E9
nomen 文字列（nomen）	nomen string (nomen)	E9-A2
res	res	E1
アクセス条件（体現形）	Access conditions (manifestation)	E4-A5
集めた（表現形）	aggregated (expression)	R25i
集められた（表現形）	was aggregated by (expression)	R25
演奏手段（表現形）	medium of performance (expression)	E3-A8
改変された（個別資料）	was modified by (item)	R11
改変した（行為主体）	modified (agent)	R11i
活動分野（行為主体）	field of activity (agent)	E6-A2
カテゴリー（nomen）	category (nomen)	E9-A1
カテゴリー（res）	category (res)	E1-A1
カテゴリー（著作）	category (work)	E2-A1

カテゴリー（場所）	category (place)	E10-A1
カテゴリー（表現形）	category (expression)	E3-A1
キャリアのカテゴリー（体現形）	category of carrier (manifestation)	E4-A1
具体化される（表現形）	is embodied in (expression)	R3
具体化する（体現形）	embodies (manifestation)	R3i
言語（nomen）	language (nomen)	E9-A7
言語（行為主体）	language (agent)	E6-A3
言語（表現形）	language (expression)	E3-A6
後継する（集合的行為主体）	succeeds (collective agent)	R32i
後継する（著作）	succeeds (work)	R19i
行為主体	agent	E6
呼称である（nomen）	is appellation of (nomen)	R13i
呼称をもつ（res）	has appellation (res)	R13
個人	person	E7
個別資料	item	E5
参考資料（nomen）	reference source (nomen)	E9-A6
時間間隔	time-span	E11
始期（時間間隔）	beginning (time-span)	E11-A1
識別	identify	第3章, 第6章
実現される（著作）	is realized through (work)	R2
実現する（表現形）	realizes (expression)	R2i
終期（時間間隔）	ending (time-span)	E11-A2
集合的行為主体	collective agent	E8
縮尺（表現形）	cartographic scale (expression)	E3-A5
主題である（res）	is subject of (res)	R12i
主題としてもつ（著作）	has as subject (work)	R12
使用の文脈（nomen）	Context of use (nomen)	E9-A5
職業（個人）	profession / occupation (person)	E7-A1
所在（個別資料）	location (item)	E5-A1
所在（場所）	location (place)	E10-A2
所有される（個別資料）	is owned by (item)	R10
所有する（行為主体）	owns (agent)	R10i
数量（体現形）	extent (manifestation)	E4-A2
数量（表現形）	extent (expression)	E3-A2
スキーマ（nomen）	scheme (nomen)	E9-A3
製作された（体現形）	was manufactured by (manifestation)	R8

製作した（行為主体）	manufactured (agent)	R8i
先行する（集合的行為主体）	precedes (collective agent)	R32
先行する（著作）	precedes (work)	R19
選択	select	第3章, 第6章
創造された（体現形）	was created by (manifestation)	R7
創造された（著作）	was created by (work)	R5
創造された（表現形）	was created by (expression)	R6
創造した（行為主体）	created (agent)	R5i, R6i, R7i
創造的刺激となる（著作）	is inspiration for (work)	R21
創造的刺激を受ける（著作）	is inspired by (work)	R21i
体現形	manifestation	E4
体現形表示（体現形）	manifestation statement (manifestation)	E4-A4
対象利用者（nomen）	intended audience (nomen)	E9-A4
対象利用者（体現形）	intended audience (manifestation)	E4-A3
対象利用者（表現形）	intended audience (expression)	E3-A3
代替をもつ（体現形）	has alternate (manifestation)	R29
代表表現形属性（著作）	representative expression attribute (work)	E2-A2
探索	explore	第3章, 第6章
注記（res）	note (res)	E1-A2
調（表現形）	key (expression)	E3-A7
著作	work	E2
等価である（nomen）	is equivalent to (nomen)	R15
入手	obtain	第3章, 第6章
場所	place	E10
派生である（nomen）	is derivation of (nomen)	R17
派生である（表現形）	is derivation of (expression)	R24
派生をもつ（nomen）	has derivation (nomen)	R17i
派生をもつ（表現形）	has derivation (expression)	R24i
発見	find	第3章, 第6章
頒布される（体現形）	is distributed by (manifestation)	R9
頒布する（行為主体）	distributes (agent)	R9i
表現形	expression	E3
複製である（体現形）	is reproduction of (manifestation)	R27i, R28i
複製をもつ（個別資料）	has reproduction (item)	R28
複製をもつ（体現形）	has reproduction (manifestation)	R27
付属される／追補される（著作）	is accompanied/complemented by (work)	R20i

付属する／追補する（著作）	accompanies/complements (work)	R20
部分である（nomen）	is part of (nomen)	R16i
部分である（時間）	is part of (time-span)	R36i
部分である（集合的行為主体）	is part of (collective agent)	R31i
部分である（体現形）	is part of (manifestation)	R26i
部分である（著作）	is part of (work)	R18i
部分である（場所）	is part of (place)	R34i
部分である（著作）	is part of (expression)	R23i
部分をもつ（nomen）	has part (nomen)	R16
部分をもつ（時間）	has part (time-span)	R36
部分をもつ（集合的行為主体）	has part (collective agent)	R31
部分をもつ（体現形）	has part (manifestation)	R26
部分をもつ（著作）	has part (work)	R18
部分をもつ（場所）	has part (place)	R34
部分をもつ（表現形）	has part (expression)	R23
変形された（著作）	was transformed into (work)	R22i
変形である（著作）	is a transformation of (work)	R22
結びつきをもつ（res）	has association with (res)	R33, R35
結びつけられる（res）	is associated with (res)	R1
結びつけられる（時間）	is associated with (time-span)	R35i
結びつけられる（場所）	is associated with (place)	R33i
メンバーである（行為主体）	is member of (agent)	R30
メンバーをもつ（集合的行為主体）	has member (collective agent)	R30i
文字種（nomen）	script (nomen)	E9-A8
文字種変換法（nomen）	script conversion (nomen)	E9-A9
利用権（個別資料）	use rights (item)	E5-A2
利用権（体現形）	use rights (manifestation)	E4-A6
利用権（表現形）	use rights (expression)	E3-A4
例示される（体現形）	is exemplified by (manifestation)	R4
例示する（個別資料）	exemplifies (item)	R4i
連絡先情報（行為主体）	Contact information (agent)	E6-A1
割り当てた（行為主体）	assigned (agent)	R14
割り当てられた（nomen）	was assigned by (nomen)	R14i

IFLA LRM 翻訳グループ
(IFLA LRM Japanese Translation Group)

〈事務局〉

和中幹雄　全体調整
古川肇　　全体調整

〈担当者(担当章順)〉

田窪直規（近畿大学）	第1章
古川肇	第2章（2.1～2.2）
和中幹雄	第2章（2.3～2.4）、第7章
渡邊隆弘（帝塚山学院大学）	第3章、第6章
鴇田拓哉（共立女子大学）	第4章（4.1）
村上一恵（国立国会図書館）	第4章（4.1）
飯野勝則（佛教大学図書館）	第4章（4.1）
蟹瀬智弘（紀伊國屋書店）	第4章（4.2）
松井純子（大阪芸術大学）	第4章（4.2）
今野創祐（京都大学図書館）	第4章（4.2）
谷口祥一（慶應義塾大学）	第4章（4.3）、第5章（全体調整）
金井喜一郎（相模女子大学）	第4章（4.3）
木村麻衣子（慶應義塾大学）	第5章（5.1～5.5）
千葉孝一	第5章（5.6）
橋詰秋子（慶應義塾大学大学院）	第5章（5.7～5.8）

IFLA 図書館参照モデル―書誌情報の概念モデル―	
2019年12月17日　初版第1刷発行	
	著　者　Pat Riva
	Patrick Le Bœuf
	Maja Žumer
	訳者代表 ⓒ 和 中 幹 雄
	古 川 　 肇
検印省略	発 行 者　大 塚 栄 一
	発 行 所　株式会社 樹村房 JUSONBO
	〒112-0002
	東京都文京区小石川5-11-7
	電　話　03-3868-7321
	ＦＡＸ　03-6801-5202
	振　替　00190-3-93169
	http://www.jusonbo.co.jp/

表紙デザイン／菊地博徳（BERTH Office）
印刷・製本／亜細亜印刷株式会社

ISBN 978-4-88367-330-8
乱丁・落丁本は小社にてお取り替えいたします。